司法职业教育新"双高"精品教材
司法部信息安全与智能装备实验室丛书

QIANGZHI GELI JIEDU CHANGSUO
ANQUAN GUANLI SHIWU

# 强制隔离戒毒场所
# 安全管理实务

主　编◎曾光辉

撰稿人◎曾光辉　刘亚芹　李　欣　刘　念
　　　　刘贤丽　张　丽　周　波　江　楠
　　　　余功才　刘国栋

中国政法大学出版社
2025·北京

**图书在版编目（CIP）数据**

强制隔离戒毒场所安全管理实务 / 曾光辉主编.
北京 : 中国政法大学出版社，2025. 2. -- ISBN 978-7
-5764-1952-8

Ⅰ. D669.8

中国国家版本馆CIP数据核字第2025YY0669号

---

出　版　者　　中国政法大学出版社

地　　　址　　北京市海淀区西土城路 25 号

邮　　　箱　　fadapress@163.com

网　　　址　　http://www.cuplpress.com (网络实名：中国政法大学出版社)

电　　　话　　010-58908435(第一编辑部) 58908334(邮购部)

承　　　印　　北京鑫海金澳胶印有限公司

开　　　本　　787mm×1092mm　1/16

印　　　张　　8

字　　　数　　161 千字

版　　　次　　2025 年 2 月第 1 版

印　　　次　　2025 年 2 月第 1 次印刷

印　　　数　　1~3000 册

定　　　价　　36.00 元

# 前　言

　　《戒毒条例》规定了自愿戒毒、社区戒毒、强制隔离戒毒和社区康复等戒毒措施，其中强制隔离戒毒是效果最为明显的戒毒措施。该戒毒措施充分发挥了强制隔离戒毒的工作优势，提高了强制隔离戒毒场所安全管理的整体水平，有助于吸毒成瘾人员成功戒除毒瘾、回归社会。

　　为了编好本教材，我们在湖北省狮子山强制隔离戒毒所、湖北省女子强制隔离戒毒所调研实践，获得了很多宝贵的实践教学资料，同时我们还查阅了许多与强制隔离戒毒场所安全管理相关的资料。根据强制隔离戒毒所的行业特点，行政执行专业（戒毒管理方向）学生的实际情况，我们有针对性地编写了《强制隔离戒毒场所安全管理实务》这本教材。

　　《强制隔离戒毒场所安全管理实务》是行政执行专业（戒毒管理方向）的核心课程，承载着培养戒毒管理人员核心技能的功能。本教材依据《中华人民共和国禁毒法》《戒毒条例》、司法部《关于建立全国统一的司法行政戒毒工作基本模式的意见》等法律法规和当前强制隔离戒毒工作实际进行编写，遵循科学性、知识性、适用性，具有一定的实操性，体现了理实一体化、"教学练战"一体化、学用结合的鲜明特点。本教材包括"强制隔离戒毒场所安全管理""强制隔离戒毒场所安全问责""强制隔离戒毒场所数字化建设""强制隔离戒毒场所安全警戒""强制隔离戒毒场所安全检查与排查""强制隔离戒毒场所安全防控""强制隔离戒毒场所应急预案和突发事件应急处置"等内容。每个内容设有学习目标、重点内容、任务考核、单元小结、拓展思考，同时将学习内容分解为若干任务，并对每个任务的知识要点和实践训练做了详实讲解，从而帮助学习者从整体上把握课程的主要内容，同时激发学习者的学习兴趣，拓展其眼界和思维，培养其理论运用于实践的能力。

　　武汉警官职业学院曾光辉老师担任本教材主编，并设计总体框架。参加编写的人员有武汉警官职业学院刘亚芹、李欣、刘念、刘贤丽、张丽、周波、江楠，湖北省沙洋强制隔离戒毒所的余功才、刘国栋。

　　具体编写分工如下：

　　导学　曾光辉、张丽

　　学习领域一　学习模块一、二　周波、曾光辉

　　学习领域一　学习模块三　张丽、李欣

　　学习领域二　学习模块一　李欣、刘亚芹

　　学习领域二　学习模块二　刘念、曾光辉

工作领域一　工作任务一　李欣、刘亚芹

工作领域一　工作任务二　江楠、曾光辉

工作领域一　工作任务三　刘贤丽、余功才

工作领域二　工作任务一、二　刘贤丽、刘国栋

　　本教材的编写得到了湖北省戒毒管理局、湖北省狮子山强制隔离戒毒所、湖北省女子强制隔离戒毒所、湖北省沙洋强制隔离戒毒所、武汉市司法局柏泉强制隔离戒毒所等单位的大力支持，在此一并表示感谢！

　　由于强制隔离戒毒场所安全管理工作发展迅速，加之编者水平有限，本教材难免存在疏漏和不足，敬请使用本教材的单位、老师以及戒毒行业的同仁多加批评指正！

编　者

2024 年 8 月 23 日

# 目 录

# 导　学

**一、课程的性质与特点**

《强制隔离戒毒场所安全管理实务》是全国高等司法警官职业院校行政执行（戒毒管理方向）专业的专业核心课程，也是一门专门提高戒毒人民警察维护强制隔离戒毒场所安全稳定能力的技能课程。

《强制隔离戒毒场所安全管理实务》以理论切入，从强制隔离戒毒场所安全管理的概念、目的、指导思想、基本原则、组织体系等方面阐述了安全管理的必要性与组织框架，为学生的专业学习打好基础。以实践为依据，从强制隔离戒毒场所的安全警戒、安全隐患排查与研判、安全防控、突发事件应急处置等方面介绍了安全管理的内容，让学生在实训活动中牢固掌握安全管理技能。理论与实务的结合，既凸显了该课程的体系性，又贴近了当前戒毒场所安全管理的实际。同时，在"数字法治智慧司法"大背景下，全国强制隔离戒毒场所正在走向信息化、智能化、数字化。为适应当前戒毒场所发展趋势，本课程增加了信息化建设的内容，进而培养具备数字化技术、信息化建设技能的实战型警务人才。

《强制隔离戒毒场所安全管理实务》课程主要以大量案例、资料和实务素材为载体进行教学，通过分析和讨论等方式，引导学生逐步树立正确执法的观念，掌握强制隔离戒毒场所安全管理的具体方法和措施，培养学生安全防控能力和应急处置能力。

**二、课程的目的与要求**

安全管理是强制隔离戒毒场所的重中之重。通过该课程的学习，使学生了解所内安全管理的目标、框架体系、指导思想与基本原则，掌握所内安全警戒、安全隐患排查、安全防控和突发事件处置的流程与要点，培养能有效预防、排查、研判、控制所内安全事故的实战型警务人才。

**三、课程的分析和实施**

（一）学习目标

1. 知识目标：了解强制隔离戒毒场所的安全风险，掌握处置所内安全问题的相关知识和方法。

2. 能力目标：能够防控强制隔离戒毒场所安全风险，研判所情与排查安全隐患、建设与利用情报、警戒护卫、调查所内案件、应急处置突发事件等。

3．职业素质目标：具有良好的适应强制隔离戒毒场所工作环境的能力，具有良好的有效沟通能力与良好的团队合作能力，具有良好的组织协调能力。

（二）岗位具体工作任务

1．出入人员和车辆检查。

2．巡查。

3．安全检查。

4．安全隐患排查。

5．信息员的确定与管理。

6．危险物品防控。

7．重点环节、重点部位、重点时段、重点人员的防控。

8．制定应急预案。

9．各类突发事件的处置。

（三）岗位职业能力

1．所情研判与分析、安全隐患排查能力。

2．危险物品的防控能力。

3．所门、围墙、宿舍、单独管理、会见室生产场所安全防控能力。

4．所内突发事件应急处置能力。

（四）学习内容

1．强制隔离戒毒场所功能分区。

2．所情研判与安全隐患排查、安全防控与警戒护卫、突发事件应急处置。

3．所内情报建设与重点控制。

4．所内案件调查程序与询问技巧。

5．执法证据保全。

（五）技能考核项目与考核方式

1．考核项目：让学生学习强制隔离戒毒场所安全管理工作处理实务和技巧，掌握强制隔离戒毒场所安全管理的具体方法和措施，训练其相应的基层安全事故预防与处置能力。

（1）强制隔离戒毒场所安全管理工作的基础知识。

（2）强制隔离戒毒场所安全管理实务流程及案例分析。

2．考核方式：课程考核形式为考试，采取平时考核评价与期末考试相结合的方式计算总成绩。平时考核评价主要由考勤、课堂表现、参与教学活动情况和作业四方面组成。期末考试以闭卷考试的形式进行，主要测评学生能否掌握基层民警职业岗位（群）安全管理工作的相关知识并正确运用。

（六）教学场所

行政执行专业班级教室或实训场。

（七）师资配备

专业教师一名。

**四、课程开发的思路与路径**

（一）课程开发思路

以立足行业、服务行业为原则，教师多次调研强制隔离戒毒场所，通过对多所强制隔离戒毒场所的问卷调查，发现强制隔离戒毒场所安全管理的主要工作任务有检查出入人员与车辆、巡查、管理信息员、重点防控、应急处置突发事件等。结合学生的认知情况与学习特点，将动态的工作任务逐一分解，转变为系统化与流程化的操作过程。本课程还设置了实训任务，让学生学习任务操作过程后，能及时加以运用，从而体现课程的专业性、科学性、适应性，使得学生在全面发展与职业发展间取得良好平衡。

（二）课程开发路径

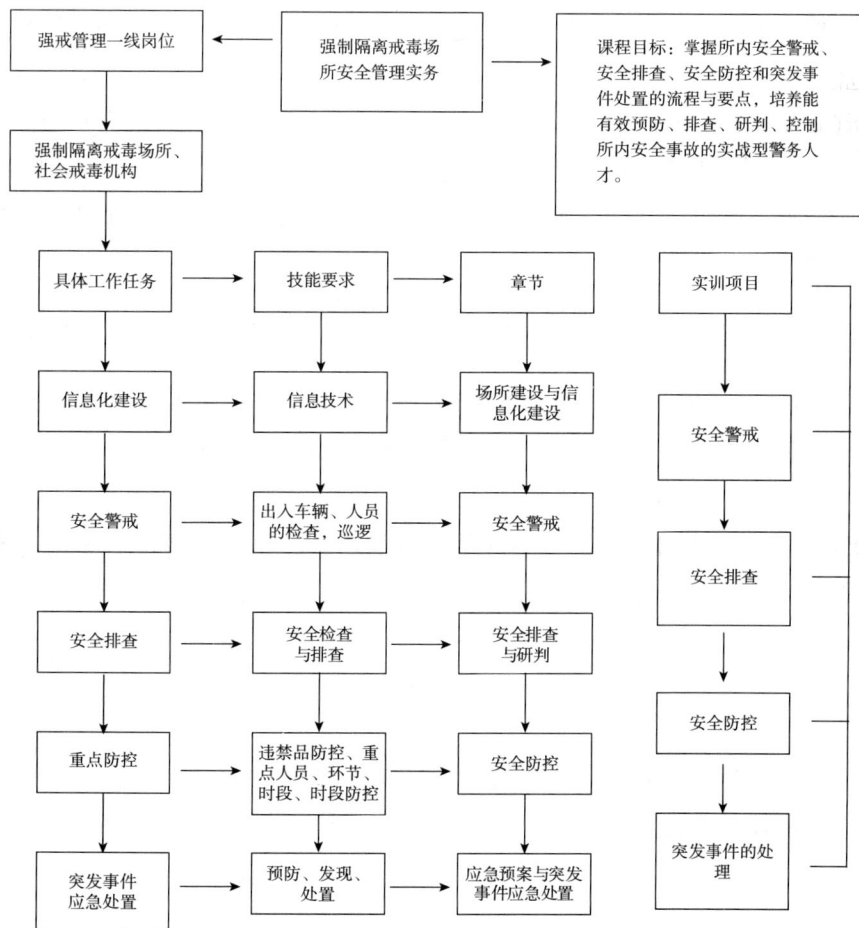

# 学习领域一

## 强制隔离戒毒场所安全管理理论

强化强制戒毒场所规范化建设。以保障戒毒场所安全稳定为核心，以加强强制隔离戒毒场所规范化建设为标尺，重点抓好戒毒人员日常监管、教育改造、教育戒治和生产管理，对车间、库房、工具室、伙食、锅炉房、医疗场所和教学场所等重点部位开展经常性的检查，发现安全隐患，采取有效措施。

强化强制隔离场所基础设施建设。加大资金投入力度，及时维修更新老化陈旧安防设施，积极推进物防、技防达标。在重点部位、重要区域、重点场所安装视频监控系统、入侵报警系统等电子管理系统。同时安装防护栏、防盗门和照明设施，防患于未然。

强化落实安全管控责任制度。严格落实戒毒人民警察直接管理制度、双警带班值班制度，加强对单警装备配带和警械具使用的管理，严格执行戒毒人员会见管理、大门管理和违禁物品清缴等制度，用制度来约束干警行为，推进戒毒工作管理制度化，实现依法依规管理。

### 🔍 学习目标

1. 认知目标：了解强制隔离戒毒场所安全管理的概念和目的，熟悉强制隔离戒毒场所安全管理的指导思想和基本原则，掌握强制隔离戒毒场所安全管理的组织体系和工作机制。

2. 技能目标：掌握强制隔离戒毒场所安全管理常见系统，掌握入侵报警系统、视频安防监控系统、出入口控制系统等系统图绘制。常见图例识读。

3. 情感目标：感受强制隔离戒毒场所安全管理贯彻以人为本的原则。

### 🔍 重点内容

本章的重点内容是理解强制隔离戒毒场所安全管理的概念和目的，强制隔离戒毒场所安全管理的指导思想和基本原则。难点是掌握强制隔离戒毒场所安全管理的组织体系和工作机制。

🔑**案例导入**

新时期，随着司法行政戒毒工作规范化信息化建设要求的不断提高，基层场所信息化建设和应用也得到了长足的发展。加强戒毒场所安防工作建设，一是提升场所安全管理系数和应急处理能力，最大限度地保障场所安全稳定、满足构建和谐社会的迫切需要。二是有利于推动场所管理方式的创新与规范，促进严格、公正、文明、廉洁执法，实现依法治所、科技强警。三是有利于推进场所工作规范化建设，提高场所的管理效率和效能；四是体现教育矫治高效性，有利于场所及时准确地掌握戒毒人员的各种信息和动态，并且运用先进的教育设施和手段不断提高教育矫治质量，提高教育矫治强制隔离戒毒人员的针对性和有效性。

其中某强制隔离戒毒场所将安全管理技术在强制隔离戒毒场所中进行应用。常见如入侵报警系统，视频监控系统，出入口控制系统等安防系统。请完成本章节学习后绘制常见系统设备图例及系统图。

# 学习模块一　安全与强制隔离戒毒场所安全管理

🔑**学习目的**

1. 掌握强制隔离戒毒场所安全管理的概念。
2. 掌握安全管理系统的基本结构。
3. 掌握强制隔离戒毒场所安全管理的目的。

## 学习单元一　安全与安全管理

当今社会，伴随着社会的发展和人民生活水平的提高，安全已经成为人们日常生活中最为关注的话题之一。根据现代汉语词典的解释，所谓安全，就是没有危险、不受侵害、不出事故的状态；无危为安，无损则全。所谓管理，指在特定的环境条件下，以人为中心通过计划、组织、指挥、协调、控制及创新等手段，对组织所拥有的人力、物力、财力、信息等资源进行有效的决策、计划、组织、领导、控制，以期高效地达到既定组织目标的过程。

安全管理主要是为安防系统进行风险评估和确定安全需求。系统管理的基本区域有：

（1）周界。周界包括外周界和局部周界，通常是由各种出入口、限制机构与物理围墙、建筑基础等组成。

（2）开放区。内外部人员可以自由活动的区域为开放区，如建筑物外广场、建筑物内大厅、开放的展室、商业区等。

（3）限制区。对人流、物流进行验证后，方可出入和活动的区域为限制区。如特定人员的工作区和有条件出入的限制区、商务区等。

（4）要害区。要害区是指财富集中的区域，它是安防系统防护的重点，它可以是上述区域或上述区域的某些部位，也可以是为了强调防范的功能而专门划定的区域。

各个区域的划分要具体情况具体分析。普通风险的单位，可以不划分这些区域，如小区只划分为外周界（含大门）、公共区和私人活动区三个部分即可。

## 学习单元二　强制隔离戒毒场所安全管理

### 一、强制隔离戒毒场所安全管理的概念

强制隔离戒毒场所安全管理，亦指强制隔离隔离戒毒场所的安全管理工作，是指强制隔离戒毒场所为确保场所安全稳定，从制定完善的安全管理制度入手，通过人防、物防、技防等安全管理手段的综合运用，对强制隔离戒毒场所安全事故隐患进行有效预防、控制，并对突发事件进行应急处置的一项基础性工作。

这一概念的基本要素包括以下四个方面：

1. 强制隔离戒毒场所安全管理的实施主体——强制隔离戒毒场所及其民警。

2. 强制隔离戒毒场所安全管理的目的——保证强制隔离戒毒场所处于没有危险、不受侵害、不发生事故的安全状态。

3. 强制隔离戒毒场所安全管理的核心内容——预防、控制和处置安全事件，或对强制隔离戒毒场所安全风险、事故隐患或事件的探测、延迟与反应。探测（Detection），是指感知显性和隐性安全风险或事件的发生，并发出警报；延迟（Delay），是指延长和推延安全风险或事件发生的进程；反应（Response），是指组织力量为制止和处置安全风险或事件的发生所采取的快速行动。探测、延迟和反应三个基本要素紧密联系、缺一不可。要求探测准确无误、延迟时间长短合适、反应迅速。总时间应符合：$T_{探测}+T_{反应}≤T_{延迟}$。

4. 强制隔离戒毒场所安全管理的基本手段——人防、物防、技防。

（1）人防。人防是安全管理最核心、最根本的手段。主要是利用人体自身的感官（眼、耳等）进行探测，发现伤害或破坏强制隔离戒毒场所的目标，作出反应，用声光警告、制止、设障还击等手段来延迟或阻止危险的发生，在自身力量不足时还需通过信息手段发出求援信号，以期待作出进一步反应，制止危险的发生或处理已发生的危险。

（2）物防。物防是安全管理最基础、最关键的物质屏障。主要作用在于推迟危险的发生，为"反应"提供足够的时间并起到延迟作用。信息化普及条件下的物防，已不是单纯物质屏障的被动防范，而是越来越多地采用高科技手段，一方面使实体屏障被破坏的可能性变小，增大延迟时间；另一方面也使实体屏障本身增加探测和反应的功能。

（3）技防。技防是对人防和物防手段功能的延伸和加强，是对人防和物防在技术手段上的补充和加强。它既能够融入人防和物防之中，不断增加人防和物防的高科技含量，切实提高强制隔离戒毒场所安全管理的科学探测能力、有效延迟能力和快速反应能力；又能够促进强制隔离戒毒场所人防、物防、技防和联防相结合的"三防一体化"建设，真正发挥强制隔离戒毒场所安全管理体系的整体功能和作用，达到预期的目的。强制隔离戒毒场所安全管理工作是强制隔离戒毒场所各部门相互配合、相互协作的一项系统性工作，也是强制隔离戒毒场所各部门常抓不懈的一项基础性工作。

**二、安全管理系统的基本结构**

入侵探测器是用来探测入侵者移动或其他动作的由电子及机械部件组成的装置。它通常由传感器和前置信号处理电路两部分组成。根据不同的防范场所，可选用不同的信号传感器，如气压、温度、振动、幅度传感器等，来探测和预报各种危险情况。如红外探测器中的红外传感器能探测出被测物体表面的热变化率，从而判断被测物体的运动情况而引起报警；振动电磁传感器能探测出物体的振动，把它固定在地面或保险柜上，就能探测出入侵者走动 或撬挖保险柜的动作。前置信号处理电路将传感器输出的电信号放大处理后变成信道中传输的电信号，此信号常称为探测电信号。

信号传输信道种类极多，通常分有线信道和无线信道。有线信道常采用双绞线、电力线、电话线、电缆或光缆传输探测电信号，而无线信道则是将探测电信号调制到规定的无线电频段上，用无线电波传输探测电信号。

控制器通常由信号处理器和报警装置组成。由有线或无线信道送来的探测电信号经信号处理器做深入处理，以判断"有"或"无"危险信号，若有情况，控制器就控制报警装置，发出声光报警信号，引起值班人员的警觉，以采取相应的措施；或直接向公安保卫部门发出报警信号。

**三、强制隔离戒毒场所安全管理的目的**

强制隔离戒毒场所安全管理的目的在于确保强制隔离戒毒场所秩序的安全与稳定。

从狭义上讲，强制隔离戒毒场所安全管理的目的就是要达到"强制隔离戒毒场所人员无逃跑、无非正常死亡、无所内发案、无重大安全生产事故、无重大疫情发生、无所内吸贩毒"的"六无"目标，确保强制隔离戒毒场所、人员（民警、戒毒人员和其他工作人员）、财产的安全和场所秩序的稳定。确保强制隔离戒毒场所秩序的安全稳定，是强制隔离戒毒工作必须坚守的一条底线。

从广义上讲，强制隔离戒毒场所安全管理的内容，包括场所管教安全、队伍安全、生产安全、资产安全、信访安全、舆情安全等诸多"大安全"内容，起到全面管理作用。

新时期，国家和社会各界对强制隔离戒毒工作提出了更高的要求和期望，而新型毒品的泛滥，法律、法规、制度、规定的不完善，舆论媒体的负面效应，工作保障的不均衡，这些都给强制隔离戒毒场所安全管理工作造成了很大的风险和压力。

基于戒毒人员大多吸毒时间长、"多次进宫"的特点，出现了戒毒人员毒瘾顽固、拒绝管理，安全风险增加的趋势，甚至出现过向民警和其他人员传播艾滋病的恶意倾向，因此，提高强制隔离戒毒场所民警自我安全意识与自我管理能力，增强强制隔离戒毒场所民警的单警装备水平和安全保障设施，确保强制隔离戒毒场所民警的人身安全，已经成为强制隔离戒毒场所安全管理的一项突出的重要任务。

实际工作中，大多数戒毒人员在吸毒与戒毒的循环中耗尽了身体健康与家庭对其的希望，戒毒民警在风险与责任的重压下对安全隐患日渐麻木；新型毒品的泛滥更使得场所内精神障碍等疑难怪病不断出现，这些都考验着管理工作者的智慧。

随着国际国内形势的不断变化，一些别有用心的人对强制隔离戒毒场所进行攻击和破坏，使得维护和保障强制隔离戒毒场所安全成为一项十分迫切的任务。

🔍 问题

1. 强制隔离戒毒场所安全管理的基本手段有哪些？

_____

_____

_____

_____

_____

2. 简述强制隔离戒毒场所安全管理的基本手段含义。

_____

_____

_____

_____

_____

3. 强制隔离戒毒场所安全管理的"六无"目标是什么？

_____

_____

_____

_____

_____

# 学习模块二　强制隔离戒毒场所安全管理原则与机制

## 学习单元一　强制隔离戒毒场所安全管理的指导思想与原则

### 🔍 学习目的

1. 掌握强制隔离戒毒场所安全管理的指导思想。
2. 掌握强制隔离戒毒场所安全管理的基本原则。

### 🔍 知识要点

**一、强制隔离戒毒场所安全管理的指导思想**

强制隔离戒毒场所安全管理的指导思想是：始终坚持习近平新时代中国特色社会

主义思想，深入贯彻落实科学发展观和禁毒工作的方针和政策，坚持党对戒毒工作的绝对领导，牢固树立和自觉践行习近平新时代中国特色社会主义法治理念，进一步推进强制隔离戒毒场所的法治建设，依法规范执法行为，提高教育矫治质量和效果，大力加强强制隔离戒毒场所安全稳定长效机制建设，构建全方位、多层次、立体式的安全管理系统，确保强制隔离戒毒场所的持续安全稳定，推进强制隔离戒毒场所各项工作的安全发展。

强制隔离戒毒场所作为国家强制隔离戒毒的执行机关，既是社会政治文明的窗口，也是维护社会稳定的重要力量。习近平总书记指出："新形势下政法机关在保障人民安居乐业、服务经济社会发展、维护国家安全和社会稳定中具有十分重要的作用。要求政法机关把深化平安建设、推进法治建设、加强队伍建设作为基础性工程来抓，把建设平安中国、建设法治中国、打造过硬队伍作为政法工作的奋斗目标。"从这一层面的意义来讲，强制隔离戒毒场所的安全稳定是社会安全稳定的重要组成部分，维护强制隔离戒毒场所的安全稳定不仅具有全局性的意义，还是推动社会主义司法制度自我完善和发展的必然要求。

同时，强制隔离戒毒场所作为教育人、挽救人的特殊场所，维护强制隔离戒毒场所安全稳定，事关国家利益与形象，事关社会和谐稳定之大局。没有强制隔离戒毒场所的安全稳定，就会损害国家利益与形象，甚至阻滞社会的和谐发展。

因此，强制隔离戒毒场所的安全管理是戒毒工作的重中之重，是确保强制隔离戒毒场所各项工作顺利开展的前提、基础和保障，也是整个社会安全管理系统中的重要一环。强制隔离戒毒场所必须坚定不移地站在中国特色社会主义事业建设者和捍卫者的高度，担负起维护强制隔离戒毒场所安全和社会稳定的政治使命，在党中央、国务院和各级党委、政府的正确领导下，坚持以维护场所安全稳定为首任、以提高教育矫治质量为中心，以降低戒毒人员复吸率为目标，切实把维护强制隔离戒毒场所安全稳定工作摆在突出重要的地位，努力构建"思想防线牢固、人防部署严密、物防设施完善、技防手段先进、应急处置高效"的强制隔离戒毒场所安全管理体系，探索建立具有中国特色禁毒、戒毒安全管理制度及其运行机制，确保强制隔离戒毒场所持续安全稳定运行，维护国家尊严和人民利益，促进社会安全、和谐的发展。

**二、强制隔离戒毒场所安全管理的基本原则**

基本原则，是指高度概括、行合规律、本源性价值规律。强制隔离戒毒场所安全管理的原则是指关于强制隔离戒毒场所安全管理工作内在的规定，是强制隔离戒毒场所安全管理应当遵守的基本准则。强制隔离戒毒场所安全管理应遵循以人为本、依法管理、科学戒毒、综合矫治、关怀救助的原则。

**（一）以人为本原则**

以人为本即以人为"根本"。强制隔离戒毒场所的安全管理，应当坚持以人为本的原则。实践中，强制隔离戒毒场所安全管理贯彻以人为本的原则体现在以下两个方面：

1. 以民警为本。民警是强制隔离戒毒场所安全管理的主体，应重视民警的职业成长，以物质和精神激励调动民警的工作积极性和工作热情，增强民警的职业责任感、荣誉感和使命感，同时建立健全民警培训机制，提高民警应对安全风险和处置突发事件的能力。戒毒工作是世界性的医学难题，新型毒品的出现更是加大了管理、教育、医疗工作的难度。可以说，新形势下，强制隔离戒毒工作的风险与日俱增，社会和舆论对强制隔离戒毒场所负面信息的容忍度越来越低。要切实消除安全隐患，提高戒治效果，向社会和人民交出一份满意的答卷，必须有一支在管理、教育、医疗、卫生、心理、社会、生产等多学科领域有一定基础的专业队伍，以帮助戒毒人员戒除毒瘾、恢复健康、重返社会、正常生活为己任。以高效务实的作风勤勉工作，以公正廉洁的形象取信于社会和戒毒人员，以戒毒人员实实在在的戒治效果和戒毒操守期证明强制隔离戒毒场所及其管理者自身的价值和作用，从而得到社会认可。

2. 以戒毒人员为本。吸毒人员既是违法者，又是病人和受害者，对戒毒人员不仅要惩罚，更要教育和救治。强制隔离戒毒场所民警应以不放弃、不抛弃的态度教育和挽救每一个曾经走入迷途的戒毒人员，积极改造戒毒人员的内心世界，矫治其违法违规意识，正确认识自己所处的地位，引导其实现自我管理。同时应强化文明管理，保障戒毒人员的权利与义务，教会他们在所内遇到紧急情况的处理办法。根据戒毒人员的心理状况及时为其提供心理咨询、法律服务等。针对每位戒毒人员的文化水平、个性特点、心理承受能力等因人施教、对症下药，做好个别化矫治，如通过开展广播电视教育、亲情教育、社会帮教等形式帮助戒毒人员树立正确的世界观、人生观、价值观和自律意识，通过个别谈话消除戒毒人员的不稳定情绪等。用戒毒人员的"意识稳"控制"行为稳"，从而实现强制隔离戒毒所的平安。

贯彻以人为本的原则，一是通过系统科学的戒治，将戒毒人员及其亲属戒除毒瘾的意愿变为现实；二是充分保障戒毒人员的合法权益，使戒毒人员始终感受到政府和社会对他们的关爱，促使他们最终戒除毒瘾；三是在对戒毒人员的管理、教育、医护和社会帮教的方方面面，注重调动所有参与者的积极性，并强调各方的协调配合，激发科学戒治的潜力，整合戒毒资源，节约管理成本，提高戒治效果。

（二）依法管理原则

依法管理原则，即以戒毒法律法规及戒毒安全制度作为强制隔离戒毒场所安全管理的准则。

1. 依法收治，体现管理的法制化。要严格按照《禁毒法》[1]和《戒毒条例》规定的条件、程序做好戒毒人员的收治工作，对戒毒人员进行身体检查和入所安全检查，

---

〔1〕　即《中华人民共和国禁毒法》，为表述方便，本书涉及我国法律均省去"中华人民共和国"字样，不再赘述。

及时了解和掌握戒毒人员的基本情况，做好戒毒人员身心健康状况、戒毒反应、依赖程度和行为表现等方面的测评，作出毒品依赖情况的初步判断，从而采取有效的管理和教育。这是戒毒的前提和基础，要使法治贯穿管理工作的始终。

2. 规范管理，体现管理的强制性。戒毒人员在心理上往往性格偏执、行为狂躁、自我中心意识强烈、消极厌世、自控能力差，因此强制隔离戒毒场所有必要制定一系列强制性规定来规范戒毒人员的行为，保证强制隔离戒毒目标的实现。如分期、分区管理办法、通信探访探视规定、考核奖惩规定、生活卫生制度、诊断评估制度等。通过健全的规章制度，做到管理制度化、规范化，为戒毒工作营造良好的矫治氛围。

3. 落实制度，提高执法管理水平。严格落实各项规章制度是提高强制隔离戒毒场所执法管理水平，确保强制隔离戒毒场所安全的基本保障。一是要认真贯彻落实《戒毒条例》及《司法行政机关强制隔离戒毒工作规定》，健全和完善如收治、对戒毒人员的身体和物品安全检查、安装监控、应急报警、门禁检查和违禁物品检测等安全技防系统，探访、探视、单独管理等安全管理制度。二是要严格落实戒毒人员习艺劳动安全管理制度，如生产项目安全风险评估、安全生产7S管理、职业防护等制度。三是要严格落实戒毒人员就医制度，如麻醉和精神药品管理制度、所内就医及外诊传染病预防等制度，保障戒毒人员生命和健康的权利。

（三）科学戒毒原则

1. 探索科学戒毒管理模式。科学认识毒品成瘾机制及戒断规律。研究表明，成瘾是由于反复使用某种致瘾源或反复刺激中枢神经，在一定的人格基础和外界条件下所引起的一种周期性或慢性中毒状态，以及发生的特有的嗜好和形成的难以舍弃的习性。近年来，有研究结果表明，成瘾是一种伴有意志或道德缺陷的自我伤害性疾病，与遗传因素密切相关。成瘾行为是一种非常复杂的脑疾病，是由个体、药物和社会等多种因素共同作用引起的。稽延性戒断症状与长期吸毒导致的大脑病理学改变有关。毒品成瘾者既是违法者、社会化进程的失败者，又是毒品的受害者和慢性、复发性脑疾病患者，是具有多种属性的复合体。

2. 构建科学的戒毒工作标准体系。中央司法警官学院课题组在调研各地强制隔离戒毒场所戒毒工作模式、深入分析毒品成瘾机制及戒断规律的基础上，建构了"三纵、四横"戒毒工作标准体系。"三纵"指脱毒期、康复期和巩固期，"四横"指执法管理、医疗戒护、教育矫治、康复训练。明确了各个时期、各个环节戒毒工作内容及标准，为科学戒毒提供了重要依据。

3. 建立科学诊断评估标准。《禁毒法》第43条第1款规定，强制隔离戒毒场所应根据戒毒人员吸食、注射毒品的种类及成瘾程度等，对戒毒人员进行有针对性的生理、心理治疗和身体康复训练。《禁毒法》第47条第2款规定，执行强制隔离戒毒1年后，经诊断评估，对于戒毒情况良好的戒毒人员，强制隔离戒毒场所可以提出提前解除强制隔离戒毒的意见，报强制隔离戒毒的决定机关批准。"诊断评估"应综合考虑多方面的因素，包括戒毒人员本人的状况、吸毒和戒毒的动机、人格状况、家庭环境条件、戒毒人员以前吸毒和戒毒的经历，以及戒毒人员在接受强制隔离戒毒期间的表现等。

4. 提高戒毒专业化水平。一是要高度重视医疗戒护人员的作用，在处理具有高风险职业暴露的情况下，如出现艾滋病感染者发生流血事件等危机情况，医疗戒护人员应充分发挥职业特点，先进行基本的防传染处理，再进行其他工作。二是要充分估计戒毒人员在接收调遣过程中的各种危险，制定完善的工作预案，确保第一时间启动，以解除危险。三是要高度重视强制隔离戒毒场所信息化管理，推行戒毒人员日常业务工作信息化管理，对重点戒毒人员实行动态化信息管理，对信息员、民管会实行网络信息管理。

贯彻科学戒毒原则，应以激发戒毒动机、提高毒瘾戒断率、降低复吸率为目标，创新戒毒工作方式方法，提升戒毒专业化、科学化水平，探索出符合规律、富有成效、具有特色的戒毒矫治体系。

（四）综合矫治原则

综合矫治原则，即控制性管理与矫正性教育相结合。

1. 控制性管理，是强制隔离戒毒场所针对重点部位、重点环节、重点时段以重点人员所实施的监督管理与安全防控的一系列措施，这是强制隔离戒毒场所安全管理的主要内容之一。

2. 矫正性教育，则是指在对戒毒人员实施监控管理过程中，通过充分发挥矫正与教育的治本功能与作用，教育挽救戒毒人员，并从根本上化解和消除影响强制隔离戒毒场所安全稳定的人的思想因素的基本方法、途径和手段。因此，在强制隔离戒毒场所安全管理中，矫正教育的意义和价值，应当主要体现在以下方面：

（1）对全体戒毒人员进行毒品危害，法制政策和前途等思想教育，使绝大多数戒毒人员明确戒治目标，坚定戒治信心，增强守法意识。

（2）对全体戒毒人员进行安全知识教育和安全技能培训，促使戒毒人员充分认识强制隔离戒毒场所安全管理的重要性，及其与自身安全的密切相关性。从而教育引导戒毒人员不断增强安全管理意识和自保意识，并能够立足自我安全管理，积极主动配合强制隔离戒毒场所做好安全管理工作。

（3）切实加强激励教育与惩戒教育。对于戒毒人员中积极维护安全稳定，主动提供破坏场所安全或违法违纪线索和情报的，或者主动制止不安全行为、敢于同违法违纪行为做斗争的，强制隔离戒毒场所应当予以大力表彰，反之予以严厉惩罚。通过激励与惩戒，在戒毒人员中形成主动与违法违纪行为做斗争的积极氛围。

（4）认真细致地开展对危险分子、难矫治人员和内控人员的排查和控制，特别要做好对危险分子、难矫治人员和内控人员的包夹控制与教育矫治工作，最大限度地化解人的不安全和不稳定因素。

（5）在发现戒毒人员有吸毒与违法犯罪行为时，及时制止或处置，并与公安机关取得联系，对违法犯罪行为进行侦查。

**（五）关怀救助原则**

据不完全统计，有75%以上的戒毒2次以上的戒毒人员对戒毒信心丧失，认为自己摆脱不了对毒品的依赖；73%以上适龄戒毒人员未婚或离婚；68%以上戒毒人员得不到亲戚朋友帮助或得到帮助很少，多数戒毒人员家庭社会支持系统面临崩溃或完全崩溃。社会歧视、亲人抛弃，会把戒毒人员推向死亡的边缘，增加社会不安定因素。强制隔离戒毒场所和民警应给予戒毒人员关怀和关爱，在对戒毒人员进行生理脱毒、心理矫治、康复训练、道德法制教育的过程中，让他们感受到政府、社会没有放弃他们，而是给他们创造条件，重新做人；在亲情戒毒教育过程中让他们感受到父母的养育之恩，让他们珍惜生命，报答亲人，找回重新生活的勇气；在生活上也应尽量关心他们，通过亲属探访、亲情电话、亲情共餐、慰问等活动，使戒毒人员感受到关怀、温暖，让他们重树生活的信心；通过举办家属培训班、签订《帮教协议书》及社会团体、公益组织、热心人士参与等，建立家庭社会支持系统，形成合力，帮助戒毒人员重返社会，正常生活。

让戒毒人员最终能顺利回归社会，跟正常人一样生活，就是强制隔离戒毒的目标。而达到这个目标最重要的前提是关爱，以及以关爱为基础的管理和矫治。

🔑 问题

1. 简述强制隔离戒毒场所安全管理的基本原则。

_____

_____

_____

_____

_____

_____

2. 解读强制隔离戒毒场所安全管理的基本原则含义。

_____

_____

_____

_____

_____

3. 司法行政机关的戒毒工作基本模式是什么？

_____

_____

_____

_____

_____

_____

## 学习单元二　强制隔离戒毒场所安全管理的组织体系与工作机制

### 学习目的

1. 掌握强制隔离戒毒场所安全管理的组织体系。
2. 掌握安全管理技术在社会治安管理体系中的地位。
3. 掌握强制隔离戒毒场所安全管理的工作机制。

### 知识要点

**一、强制隔离戒毒场所安全管理的组织体系**

为保证强制隔离戒毒场所安全管理工作的有效性，必须加强强制隔离戒毒场所安全管理的组织体系建设。

（一）强制隔离戒毒场所安全管理的组织体系

强制隔离戒毒场所安全管理工作实行所部、大队（医院）、中队三级责任网络。党委书记、所长对场所安全管理工作负总责，负责指导、督促全所安全管理工作开展；分管所领导主管本职责范围内的安全管理工作，组织安全检查，整改排查出的隐患，落实防控措施。

通常情况下，根据职责不同，强制隔离戒毒场所可设以下安全工作组：

1. 队伍建设与综治安全工作组。主要由分管政工、纪检监察和工会工作的政委、纪委书记、工会主席负责，组织协调做好民警职工队伍建设、信访、信息、消防、社区治安、组织保卫等方面的安全管理和综合治理工作。

2. 管教安全工作组。主要由分管管理和教育的副所长负责，组织协调做好戒治管理、教育转化工作及戒毒人员的生活卫生、医疗和防疫等方面安全管理工作。

3. 生产经营安全工作组。主要由分管生产经营工作的副所长、总工程师和总会计师负责，组织协调做好戒毒人员的生产管理工作及相关生产、营销、财务等职能部门的安全管理工作。

4. 行政后勤安全工作组。主要由分管行政、基建、交通和后勤服务工作的副所长负责，组织协调做好行政管理、工程建筑、民生事业、道路交通和后勤保障等方面的安全管理工作。

(二) 强制隔离戒毒场所安全责任部门及其职责

强制隔离戒毒场所安全责任部门，有狭义和广义之分。

狭义的强制隔离戒毒场所安全责任部门，特指专门负责强制隔离戒毒场所安全管理工作的职能部门，即强制隔离戒毒场所管理科、警戒科。

广义的强制隔离戒毒场所安全责任部门，泛指承担有强制隔离戒毒场所安全管理职能和责任的所有单位和部门，包括负责队伍安全的政工口各部门；负责管教安全的管教口各部门；负责生产安全的生产口各部门；负责经营安全的企管、营销、财务等部门；负责治安、消防、基建、信访、信息、交通、医疗、公共卫生等安全的行政机关和后勤服务部门。

在具体的工作实践中，强制隔离戒毒场所安全管理的核心或重心，主要体现在管理科、警戒科及各大队的安全管理与安全防卫职能上。

1. 管理科的职责。全面负责强制隔离戒毒场所的管教安全工作，健全管教安全责任制度，明确各类管教安全工作岗位的工作标准和责任，组织签订安全目标管理责任状，做到任务到人、责任到人，做到层层有压力、层层有动力。具体职责如下：

(1) 负责贯彻执行法律法规，制定各项管理制度，定期组织所情、舆情动态分析，研究制定"六防"安全措施并检查落实。

(2) 负责按照规定办理对戒毒人员的收治、调遣，办理各项手续，建立档案。

(3) 负责按照规定办理有关戒毒人员奖惩、探访、探视、所外就医、诊断评估、解除强制隔离戒毒等审批手续。

（4）负责做好戒毒人员档案的建立、归档、保管、借阅等档案管理工作。

（5）负责接待有关外调人员，处理有关来信来访，公安机关因案情需要协查有关戒毒人员情况，应积极予以协助调查。

（6）负责安全隐患排查督查制度的落实，定期或不定期组织开展安全大检查、大排查活动，及时发现安全隐患，堵塞事故漏洞，并负责监督检查各项整改措施的落实情况。

（7）负责组织制定重大安全事故应急预案，与有关职能部门加强工作联系，密切协作，共同做好场所安全稳定以及处置突发事件等工作。

（8）负责与驻所检察室的联系工作，并接受当地检察机关、驻所检察室对业务工作的监督。

（9）负责为出所戒毒人员做诊断评估工作。为帮教安置部门提供参考，完成帮教安置的衔接工作，实现强制隔离戒毒场所与社会的良性互动，共同降低戒毒人员的复吸率。

（10）完成强制隔离戒毒场所领导和上级部门交办的其他工作。

2. 警戒科的职责。

（1）负责制定强制隔离戒毒场所安全护卫工作规章制度，定期或不定期组织开展安全大检查、大排查活动，及时发现安全隐患，堵塞事故漏洞，并负责监督检查各项整改措施的落实情况。

（2）负责检查场所安全护卫警戒工作情况，并提出意见或建议。

（3）负责维护场所正常秩序及外来人员的管理、安全与稳定，防御外来人员的捣乱、袭击和破坏。

（4）负责管理所部大门及各大院门卫值班工作。

（5）负责执勤放哨，巡查工作，配合做好成批强制隔离戒毒人员转移、集会、出工、收工等护送工作。

（6）熟悉本所安全情况和周围环境，并同周边单位建立安全联防网络。

（7）对有逃跑、自伤、自残、自杀、投毒、行凶、骚乱、闹事等行为的重危人员，要熟悉情况，采取措施，及时监控；发生戒毒人员骚乱、闹事等，按所部制定的应急方案，立即出面予以制止；负责对脱逃戒毒人员的追找工作。

（8）协助纪检部门检查带班民警对安全管理措施的执行情况。

（9）负责全所护卫人员的学习和培训工作。

（10）积极完成领导交办的其他任务。

3. 医院的职责。

（1）贯彻执行有关的医疗卫生工作条例、规章制度，制定本所医疗卫生工作规划、计划，并负责组织实施。

（2）认真做好戒毒人员入所体检（身体检查和尿液检测）工作和所内卫生防疫工作。

（3）对戒毒人员的吸毒情况、毒品依赖程度进行诊断，科学制定脱毒治疗方案，并进行生理、心理护理及生理康复训练；对戒毒人员的稽延戒断症状进行治疗，必要时进行抗复吸药物治疗；对脱毒过程中的危机伴发症进行监测与及时处置。

（4）开展传染病的筛查及防护，严防所内严重传染病流行。

（5）负责药品的出入库登记、购置、盘点，防止流失，负责医疗设施的规划、建设和管理工作。

（6）做好戒毒人员疾病患者的医治工作，对疑难、急危病人及时组织会诊抢救，对无法就地诊断治疗的危重病人要按规定及时办理转诊手续。

（7）对戒毒人员的生理健康改善状况进行评估。

（8）严防医疗事故致残、致死事件发生。

（9）按时完成所领导交办的其他工作。

4. 戒毒大队民警的职责。

（1）认真落实所部各项规章制度，落实岗位职责，切实抓好以防逃、防吸、贩毒为重点的"六防"工作，完成各项管教指标。

（2）根据所部规定，对戒毒人员的奖罚提出处理意见，对违规违纪现象进行调查处理，对戒毒人员的定位及编组进行合理调配。

（3）认真落实安全生产责任制，确保生产安全。

（4）认真抓好本大队的生活卫生工作和防疫治病工作，不断提高服务质量。

（5）及时捕捉戒毒人员中可能发生的行凶、自伤、自残、自杀、逃跑等重大安全事故的苗头性、倾向性安全隐患，有效掌控所情动向与戒毒人员思想动态；及时向业务主管部门提交危险所情或危险信息的报告，并采取有效措施防止各种安全事故的发生。

（6）定期或不定期开展安全检查和隐患排查活动，及时消除各种安全漏洞、事故隐患和不稳定因素，确保戒毒人员三大现场安全与稳定。

（7）搞好对戒毒人员的日常安全管理和信息员建设，严格落实对重点人员的管控措施，加强对危险分子、难改造人员等包夹控制与教育转化。

（8）按时完成所领导交办的其他工作。

**二、安全管理技术在社会治安防控体系中的地位**

安全管理技术在社会治安防控体系中占有极其重要的地位，支撑着社会治安防控网络。根据新形势下人员流动治安动态化、复杂化的特点，在安全管理技术系统中，不管是防盗反劫报警系统、视频监控系统，还是出入口控制系统，都具有安全信息的获取、传递、处理和控制功能。利用这些技术系统，可以及时发现犯罪活动并发出警报，把隐蔽进行的犯罪活动暴露在光天化日之下，并可以解人之不能、补人之不足。在现代化技术高度发展的今天，犯罪更智能化、手段更隐蔽，现代化的安防技术成了安全管理体系中的重要组成内容。常见的技术系统包括以下六方面：

（一）入侵报警系统（IAS，Intruder Alarm System）

入侵报警系统是利用传感器技术和电子信息技术探测并指示非法进入或试图非法进入设防区域（包括主观判断面临被劫持或遭抢劫或其他紧急情况时故意触发紧急报警装置）的行为、处理报警信息、发出报警信息的电子系统或网络。

1. 基本组成：入侵报警系统通常由前端设备（包括探测器和紧急报警装置）、传输设备、处理/控制/管理设备和显示/记录设备部分构成。

前端探测部分由各种探测器组成，是入侵报警系统的触觉部分，相当于人的眼睛、鼻子、耳朵、皮肤等，能感知现场的温度、湿度、气味、能量等各种物理量的变化，并将其按照一定的规律转换成适于传输的电信号。

操作控制部分主要是报警控制器。

监控中心负责接收、处理各子系统发来的报警信息、状态信息等，并将处理后的报警信息、监控指令分别发往报警接收中心和相关子系统。

2. 设备组成：

（1）集中报警控制器。通常设置在安全保卫值勤人员工作的地方，保安人员可以通过该设备对保安区域内各位置的报警控制器的工作情况进行集中监视。通常该设备与计算机相连，可随时监控各子系统工作状态。

（2）报警控制器。通常安装在各单元大门内附近的墙上，以方便有控制权的人在出入单元时进行设防（包括全布防和半布防）和撤防的设置。

（3）门磁开关。安装在重要单元的大门、阳台门和窗户上。当有人破坏单元的大门或窗户时，门磁开关会立即将这些动作信号传输给报警控制器进行报警。

（4）玻璃破碎探测器。主要用于周界防护，安装在窗户和玻璃门附近的墙上或天花板上。当窗户或阳台门的玻璃被打破时，玻璃破碎探测器探测到玻璃破碎的声音后即将探测到的信号传输给报警控制器进行报警。

（5）红外探测器和红外/微波双鉴器。用于区域防护，当有人非法侵入后，红外探测器通过探测到人体的温度来确定有人非法侵入，红外/微波双鉴器探测到人体的温度和移动来确定有人非法侵入，并将探测到的信号传输给报警控制器进行报警。

3. 系统作用：入侵报警系统是指当非法侵入防范区时，引起报警的装置，它是用来发出出现危险情况信号的。入侵报警系统就是用探测器对建筑内外重要地点和区域进行布防。它可以及时探测非法入侵，并且在探测到有非法入侵时，及时向有关人员示警。譬如门磁开关、玻璃破碎报警器等可有效探测外来的入侵，红外探测器可感知人员在楼内的活动等。一旦发生入侵行为，能及时记录入侵的时间、地点，同时通过报警设备发出报警信号。

第一代入侵报警器是开关式报警器，它防止破门而入的盗窃行为，这种报警器安装在门窗上。

第二代入侵报警器是安装在室内的玻璃破碎报警器和振动式报警器。

第三代入侵报警器是空间移动报警器（例如超声波、微波、被动红外报警器等），这类报警器的特点是：只要所警戒的空间有人移动就会引起报警。

入侵报警系统负责为建筑物内外各个点、线、面和区域提供巡查报警服务，它通常由报警探测器、报警系统控制主机（简称报警主机）、报警输出执行设备以及传输线缆等部分组成，入侵报警系统负责为建筑物内外提供巡查报警服务，当在监控范围内有非法侵入时，引起声光报警。其中探测器、信道、报警控制器是其必不可少的主要组成部分。

（二）视频安防监控系统（VSCS，Video Surveillance & Control System）

视频安防监控系统是利用视频探测技术、监视设防区域并实时显示、记录现场图像的电子系统或网络。

1. 组成部分：视频安防监控系统类型基本上可以分为两种，一种是本地独立工作，不支持网络传输、远程网络监控的监控系统。这种视频安防监控系统通常适用于内部应用，监控端和被监控端都需要固定好地点，早期的视频安防监控系统普遍是这种类型。另一种既可本地独立工作，也可联网协同工作，特点是支持远程网络监控，只要有密码、有联网计算机，就可以随时随地进行安防监控。

2. 构成模式：根据使用目的、保护范围、信息传输方式，控制方式等的不同，视频安防监控系统可有多种构成模式。

（1）简单对应模式：监视器和摄像机简单对应。

（2）时序切换模式：视频输出中至少有一路可进行视频图像的时序切换。

（3）矩阵切换模式：可以通过任意控制键盘，将任意一路前端视频输入信号切换到任意一路输出的监视器上，并可编制各种时序切换程序。

（4）数字视频网络虚拟交换/切换模式：模拟摄像机增加数字编码功能，被称作网络摄像机，数字视频前端也可以是别的数字摄像机。数字交换传输网络可以是以太网和DDN、SDH等传输网络。数字编码设备可采用具有记录功能的DVR或视频服务器，数字视频的处理、控制和记录措施可以在前端、传输和显示的任何环节实施。

3. 控制部分：控制部分主要包括视频切换器、云台镜头控制器、操作键盘、各种控制通信接口、电源和与之配套的控制台、监视器柜、系统主机等。

系统组成：典型的电视监控系统主要由前端设备和后端设备这两大部分组成，前端设备通常由摄像机、手动或电动镜头、云台、防护罩、监听器、报警探测器和多功能解码器等部件组成，它们各司其职，并通过有线、无线或光纤传输媒介与中心控制系统的各种设备建立相应的联系。在实际的电视监控系统中，这些前端设备不一定同时使用，但实现监控现场图像采集的摄像机和镜头是必不可少的。后端设备可进一步分为中心控制设备和分控制设备。

系统特性：

（1）先进性与继承性。城市视频监控工程报警联网系统的建设不可能将原有的以模拟为主的系统一概抛弃，合适的做法是在规划好全数字化系统的前提下尽可能将原有模拟系统纳入其中。最理想的系统是在两者之间能做无缝连接，形成完整的城市视频图像联网监控。

（2）升级与维修便捷。由于系统规模较大，系统软件和核心设备应具有自动升级维护功能。另外，城市监控报警联网系统是由多个复杂的系统组成，包括网络、存储、操作系统、平台软件、各种前端设备等，所以要求每个子系统均应具有工作日志记录，包括系统各模块和核心设备。

（3）可靠性与稳定性。系统应采用成熟的技术和可靠的设备，对关键设备有备份或冗余措施。系统软件有维护保障能力和较强的容错及系统恢复能力，以保证系统稳定运行的时间尽可能长，一旦系统发生故障时能尽快修复或恢复。

（4）实用与可扩展性。系统应考虑当地环境条件、监视对象、监控方式、维护保养以及投资规模等因素，能满足城市视频监控报警联网系统的正常运行和社会公共安全管理的需求。宜采用分布式体系和模块化结构设计，以适应系统规模扩展、功能扩充、配套软件升级的需求。用户可随时依需要对系统进行扩充或裁剪，体现足够的灵活性。

（5）管理功能易操作。考虑到联网系统的规模及复杂性，管理软件平台应具有较好的系统构架，系统核心管理和业务管理必须明确分离，以确保满足不同的应用需求。由于系统中各类管理服务器、存储及转发服务器等数量较多，所以系统的网管功能必须强大，否则无法进行日常维护；系统所提供的管理和用户界面要清晰、简洁、友好，操控应简便、灵活、易学易用，便于管理和维护。

（6）可支持二次开发。一个重点部门的监控报警联网系统的摄像机数目最少也有数百个，多的可达几万个，因此必须考虑到平台的可持续发展问题。要达到视频创造价值的目标，就要求系统具备二次开发的条件，只有这样才能保证平台视频资源的充分利用。

（7）系统安全程度高。系统安全包括多个方面，其中主要是防止非法用户及设备的接入，所以除对不同用户要采取不同程度的验证手段外，还要保证不合法的设备不能接入系统。联网监控系统最易受到黑客的攻击，应采取有效的安全保护措施，防止系统被非法接入、非法攻击和病毒感染。此外还需防雷击、过载、断电、电磁干扰和人为破坏等不安全的因素，以提供全面有效的安全保障措施。

（8）兼容性与标准化。兼容性是实现众多不同厂商、不同协议的设备间互联的关键。系统应能有效地通信和共享数据，尽可能实现设备或系统间的兼容和互操作。系统的标准化程度越高、开放性越好，系统的生命周期就越长。控制协议、传输协议、接口协议、视音频编解码、视音频文件格式等均应符合相应国家标准或行业标准的规定。

（三）出入口控制系统（ACS，Access Control System）

出入口控制系统是利用自定义符识别或/和模式识别技术对出入口目标进行识别，并控制出入口执行机构启闭的电子系统或网络。出入口控制系统主要由识读部分、传输部分、管理/控制部分和执行部分以及相应的系统软件组成。出入口控制系统有多种构建模式。按其硬件构成模式划分，可分为一体型和分体型；按其管理/控制方式划分，可分为独立控制型、联网控制型和数据载体传输控制型。一体型出入口控制系统的各个组成部分通过内部连接、组合或集成在一起，实现出入口控制的所有功能。分体型出入口控制系统的各个组成部分，在结构上有分开的部分，也有通过不同方式组合的部分。分开部分与组合部分之间通过电子、机电等手段连成一个系统，实现出入口控制的所有功能。独立控制型出入口控制系统，其管理/控制部分的全部显示/编程/管理/控制等功能均在一个设备（出入口控制器）内完成。联网控制型出入口控制系统，其管理/控制部分的全部显示/编程/管理/控制功能不在一个设备（出入口控制器）内完成。其中，显示/编程功能由另外的设备完成。设备之间的数据传输通过有线和/或无线数据通道及网络设备实现。数据载体传输控制型出入口控制系统与联网型出入口控制系统区别仅在于数据传输的方式不同。其管理/控制部分的全部显示/编程/管理/控制等功能不是在一个设备（出入口控制器）内完成。其中，显示/编程工作同另外的设备完成。设备之间的数据传输通过对可移动的、可读写的数据载体的输入/导出操作完成。出入口控制系统是采用现代电子设备与软件信息技术，在出入口对人或物的进、出进行放行、拒绝、记录和报警等操作的控制系统，系统同时对出入人员编号、出入时间、出入门编号等情况进行登录与存储，从而成为确保区域的安全，实现智能化管理的有效措施。

1. 基本要素。

（1）特征载体。出入口控制系统是对人流、物流、信息流进行管理和控制的系统。因此，首先系统要能对他们进行身份的确认，并确定它们出入（行为）的合法性。这就要通过一种方法赋予它们一个身份与权限的标志，我们称之为特征载体，它载有的身份和权限的信息就是特征。机械锁的钥匙就是一种特征载体，其"齿形"就是特征。在出入口控制系统中可以利用的特征载体很多，例如：磁卡、光电卡及目前应用最普遍的 IC 卡等。这些特征载体要与持有者（人或物）一同使用，但它与持有者不具有同一性，这就意味着特征载体可以由别人（物）持有使用。为了防止这个问题，可采用多种方式，即使用两种以上的特征载体（视系统的安全性要求）。如果能够从持有者自身选取一种具有唯一性和稳定性的特征，作为表示身份的信息，这个问题也就不存在了。当然，来自"持有者"身上的特征称为"生物特征"，特征载体自然就是持有人。

（2）读取装置。读取装置是与特征载体进行信息交换的设备。它以适当的方式从特征载体读取持有关身份和权限的信息，以此识别持有者的身份和判别其行为（出入请求）的合法性。显然，特征读取装置是与特征载体相匹配的设备，载体的技术属性不同，读取设备的属性也不同。磁卡的读取装置是磁电转换设备，光电卡的读取装置是光电转换设备，IC 卡的读取装置是电子数据通信装置。机械锁的读取装置就是"锁芯"，当钥匙插入锁芯后，通过锁芯中的活动弹子与钥匙的齿形吻合来确认持有者的身份和权限。电子读取装置的识别过程是：将读取的特征信息转换为电子数据，然后与存储在装置存储器中的数据进行对比，实现身份的确认和权限的认证，这一过程又称为"特征识别"。特征读取装置有的只有读取信息的功能，有的还具有向特征载体写入信息的功能，这种装置称为"读写装置"，向特征载体写入信息是系统向持有者授权或修正授权的过程。这种特征载体是可以修改和重复使用的。机械锁的钥匙一般是不能修改的，它所表示的权限也是不能改变的。人的生物特征是不能修改的，但其所具有的权限可以通过系统的设定来改变的。

（3）锁定机构：出入口控制系统只有加上适当的锁定机构才具有实用性。当读取装置确认了持有者的身份和权限后，要使合法者能够顺畅地出入，并有效地阻止非法者的请求。不同形式的锁定机构就构成了各种不同出入口控制系统，或者说实现了出入控制技术的不同应用。比如，地铁收费系统的拨杆、停车场的阻车器、自助银行的收出钞装置。如果锁定机构是一个门，系统控制的是门的启闭，就是"门禁"系统。机构锁就是门禁系统的一种锁定机构，当锁芯与钥匙的齿形吻合后，可转动执手，收回锁舌开启门。

出入口控制系统的安全性包括抗冲击强度，即抗拒机械力的破坏，这个性能主要是由系统的锁定机构决定的。门禁系统的锁定机构除了机械锁外，常用的还有电控锁，它的特征载体主要是各种信息卡，门的启闭则是由电磁力控制的。

2. 系统模式。出入口控制是一个典型的自动控制系统。从识读设备获取输入信号后，控制器（由相关软件实行管理控制）根据预先设置的出入权限等有关信息与输入信息进行比对判断，当符合要求后，记录该次出入的信息（如卡号、地点、时间、出还是入等），并向执行机构输出信号使其执行开锁和闭锁工作，并将开门和关门状态反馈到控制器，这就完成了一次操作。将出入口控制系统的特征识别、特征读取（识别）和锁定机构这三个基本要素组合起来可以构成多种形式的出入口控制系统，其基本模式可以分为前置型和网络型两种。

（1）前置型。前置型又称为单机型离线式，它由一个前端控制器（门口机）独立地完成特征信息的读取、识别，并控制锁定机构的状态。通常对非法请求采取拒绝的方式，即认为请求者的操作为非法操作。前端控制器可以具有本地报警功能，对连续、多次出现的非法请求予以警告，也具有少量的信息存储能力，记录最新发生的出入信息，并可通过读出卡将其读出，在系统控制器上显示。可以说，前置型出入口控制系统的特征识别、系统管理与控制功能全部在一个设备内完成，系统的每个前端控制器之间没有任何电气、物理和数据上的联系，它们可以识别的特征量是有限的。

前置型出入口控制系统主要用于一般安全要求的场合，如宾馆、居民住宅等，它的主要产品有：各类锁具（机械、电子类等）、楼宇对讲。

（2）网络型。网络型也称为在线式，所谓的网络不仅是指系统网络的拓扑结构，也是指系统各前端设备之间的功能联动，前端控制器与系统控制器之间的信息交换和系统管理。系统对非法请求产生报警或启动联动机构是网络型系统的主要工作方式和特点。网络型系统由前端控制器、系统控制器及它们之间的数据传输组成。

前端控制器通称为门口机，是前端设备的核心。它首先要完成特征信息读取、识别、锁定机构和联动机构的控制等任务；同时又是系统网络的节点设备，通过适当的通信方式，接收系统控制器的下行数据、命令，上传需要报警、存储、联动的信号和数据。其基本功能有：①特征识别。通过键盘或读卡器来读取特征载体的信息并完成识别，或同时进行同一性认证。②锁定机构和联动功能的控制，同时监控他们的状态，具有双向门间互锁、防重复、防反传、限时、限次等功能。③监控功能。具有状态自检、防破坏、数据加密、报警、事件记录、电源（备用）监控等功能。④联网功能。利用网络或总线连接完成与其他前端控制器和系统中央管理器间的数据通信。⑤辅助输入/出接口、报警探测器、巡更系统、联动装置的控制接口等。

系统控制器基本功能有：

①构成多安全级的系统，根据防范区安全级别实行分级管理和分层控制。各级、各层不是孤立地、单独地工作，而是按规定的程序和正常顺序运行。这就要求各门口机之间要通过中央控制器进行数据交换，对发生在各个门口机的非法请求要进行系统地分析和判断。②系统的授权。用户的权限包括出入的地点、时间、顺序、次数、与同行者的关系等。可以通过上传数据对用户授权、修改、撤销，也可以对现场授权进行存储。③显示、报警及控制。系统控制器可以显示系统运行状态、系统的报警信息和系统故障状态。④信息存储。系统能够在一定时间存储报警、运行等信息，并能方便地查询，系统要建立工作日志。⑤网络管理和状态监控。出入口系统控制器对系统进行全面的管理和系统状态控制。

### 三、强制隔离戒毒场所安全管理的工作机制

确保强制隔离戒毒场所持续安全稳定，促进社会和谐稳定，是强制隔离戒毒场所的首要任务，是做好强制隔离戒毒场所各项工作的前提。强制隔离戒毒场所在维护安

全稳定工作中，应不断总结、科学提炼，逐步形成一套安全管理模式和运行机制。

强制隔离戒毒场所安全稳定长效机制的形成，既要从管理和制度层面体现前瞻性、针对性、实效性和科学性的特点，又要从宏观掌控和微观操作上体现指导性、系统性、层次性和可操作性的优势。

（一）强制隔离戒毒场所安全稳定长效机制的概念

在《现代汉语词典》中，"机制"一词泛指在一个系统中，各元素之间相互作用的过程和功能。它多用于自然科学，社会科学中一般可以理解为机构和制度。根据这一概念，我们可以把强制隔离戒毒场所安全长效机制定义为：为确保实现强制隔离戒毒场所安全稳定目标，按照一定规则运行，并经实践证明长期有效的强制隔离戒毒场所系统中各子系统、各项工作之间相互作用、相互影响的过程和方式。

（二）强制隔离戒毒场所安全工作机制的内容

通常情况下，强制隔离戒毒场所一般采取"所党委统一领导，班子成员分工负责，职能部门指导协调，各责任部门联合行动"的安全管理模式和运行机制。这种安全管理模式和运行机制的主要包括：隐患排查机制、安全防控机制、应急处置机制、领导责任机制。

1. 隐患排查机制。坚持以加强和深化安全隐患排查为关键，构筑形成"所情分析、动态掌控、全面排查、心理评估"相结合的安全隐患排查机制，切实把安全隐患解决在始发阶段，把不稳定因素化解在萌芽状态。

（1）所情分析法。形成所情分析例会工作机制。强制隔离戒毒场所每月召开一次所情分析会，所长（政委）主持，全体所领导和职能科室、大队主要负责人参加。通过所情分析，掌握场所管教工作、民警思想动态、存在的安全隐患等情况，并提出相应的防控措施。每季度进行一次安全形势分析总结，每半年进行一次安全形势评估，切实掌握安全管理的主动权，做到对各种不稳定因素的预知、预判、预防，确保强制隔离戒毒场所的安全稳定。

建立所情信息研判制度和工作规范。强制隔离戒毒场所应充分利用信息化条件和平台，健全完善强制隔离戒毒场所所情信息研判的规章制度，规范所情信息研判的运行模式，健全完善异常所情信息的日常搜集制度，健全完善异常所情信息的分析和排查体系，有效发挥"信息预警、信息导防、信息促安"在强制隔离戒毒场所安全管理体系中的实战效能，及时确定安全管理工作的重点。如可通过对戒毒人员的安全隐患排查与危险性评估，建立具有逃跑、自杀、行凶等各类危险性行为倾向人员的"红色预警"档案；通过对戒毒人员违纪情况及思想动态的分析排查，找到尚未落实的制度、难以落实的制度、最易违反的制度、最易违反制度的时间、最易违反制度的民警等，及时进行整改，填补管理漏洞，从而确保戒毒人员在时间和空间上没有违法违纪的条件。

健全完善异常所情信息的预测体系，及时把握强制隔离戒毒场所的安全状况及其变化的规律。利用不同时段搜集的异常所情，结合相关数据、资料，运用科学的方法、技术进行分析比较。利用百分比的升降数据了解月、季、年度的戒毒人员的总体情况与违纪行为的动态变化，及时掌握戒毒人员的异常言行和场所阶段性或特定时期的所情特点，探索和把握安全管理秩序变化的规律（如异常所情多发的地点、多发的时间段、违纪行为的手段与特点等），预测、评估、推断安全事故出现的可能性、未来发展趋势和演变规律，并通过预警网络发出警示信号或指引，使强制隔离戒毒场所各级领导与基层民警随时了解掌握各层面、各方位的所情信息和事态发展的趋势，从而及时采取应对策略和控制措施，预防和减少所内突发事件的发生，消除安全隐患，或者延缓事态的恶性演变，确保场所的安全稳定。

（2）动态掌控法。健全完善戒毒人员思想动态分析研判制度和工作规范，形成思想动态分析例会工作机制。大队每周召开一次思想动态分析会，大队长主持，全体大队民警、内勤干事、教育干事和教导员参加。戒毒人员都是吸毒成瘾者，他们心态不平衡，自控能力差，抵触情绪大，常以自伤、自残、自杀、脱逃、打架闹事等方式对抗管理教育和治疗。如果民警对戒毒人员的思想活动和行为表现不能随时掌握，特别是对一些有计划、有预谋的行为不能及时掌握，势必给所内安全工作带来严重后果。因此必须通过同病室其他人员反馈、安全信息员的信息提供、个别谈话提取，家属探访及民警观察等方式摸清戒毒人员思想动态，获取有价值的安全预警信息，并及时采取措施妥善处理。

强制隔离戒毒场所安全事故主要是由于外部管理漏洞与戒毒人员自身行为共同作用造成的。其中，戒毒人员处于主导地位，在事故中起到举足轻重的重要作用。因此必须加强对戒毒人员的动态管控，密切掌握戒毒人员的思想动态，从而获取可靠的预警信息，以便及时采取措施将事故处置在萌芽状态，从源头上扼制事故的发生。

（3）全面排查法。健全所内危险人员、难矫治人员、内控人员的摸排、管控、教育制度，依法规范对所内危险人员的排查标准、排查方法、排查程序及其管理监控与教育转化的措施。完善安全检查与隐患排查制度，形成"民警每天排查、大队每周排查、所每月排查与节假日重点排查"的安全隐患排查工作机制，并坚持采取所领导突查、职能科室督查、大队定期自查与互查相结合的具体措施，全方位、多层次开展安全隐患排查工作。特别要加强对戒毒人员人身、物品、信件的排查和对重点部位、重点时段和重点环节的排查，严格防范毒品流入场所。同时，要对全所的戒毒人员进行危险性评估，切实把具有潜在危险性和现实危害性的戒毒人员，列入民警重点监控的视线，落实包夹控制措施，确保不发生管教安全事故。

（4）心理评估法。健全戒毒人员心理评估机制，完善戒毒人员心理评估与个别化矫治档案。在收治两周内进行心理测试诊断，建立心理健康档案。根据评估结果，将戒毒人员分为 A、B、C 三类。A 类戒毒人员，属于重点管理与矫治对象，应当加强监控管理和重点防范，并由心理矫治中心介入进行跟踪矫治；B 类戒毒人员，属于次重点管理与矫治对象，主要由大队民警与心理辅导员加强个别教育和个别化矫治；C 类戒毒人员，属于一般管理对象，采取常规的日常管理与教育矫治即可。

2. 安全防控机制。坚持以推进"三防一体化"建设为核心，构筑形成"人防严密、物防坚固、技防高效、联防可靠"的安全防控机制，确保强制隔离戒毒场所的持续安全稳定。

（1）人防严密。按照封闭控制、不留空隙的要求，对戒毒人员学习、生活、习艺、康复四大现场采取严控、直管、查患、堵漏方式，做好戒毒人员的安全管控工作，切实做到"四大现场不离人，24 小时不脱管"，使戒毒人员始终处于民警的严格管控之下，落实好民警直接管理制度，加强现场管理和直接管理力度，拓宽信息来源和渠道，及时捕捉各种不良信号，随时做到"敌"动我知、未动先知，确保正常的教育矫治秩序。

第一，构筑以人为本的思想防线。强制隔离戒毒场所应当把习近平新时代中国特色社会主义思想和以人为本的科学发展观，贯穿于强制隔离戒毒场所安全稳定工作全过程，贯穿于从严治警、精心育警、从优待警的全方面，切实提高民警维护安全稳定的忧患意识和责任意识。

第二，构筑直接管理的责任体系。强制隔离戒毒场所应当强化民警的现场直接管理，严格落实民警值班、现场带工、点名、查铺、巡更、安全隐患排查等制度，切实将戒毒人员的一切活动始终置于民警的视线之内和掌控之中，确保将安全隐患消除在初始阶段。

第三，构筑深层次的防范体系。强制隔离戒毒场所应当加强对戒毒人员的教育，严格落实民管委、班组长、互帮小组等制度，并多层面开展检举、揭发所内外犯罪和违规违纪行为的活动，开展所规所纪整顿和防逃专项教育，严厉打击所内歪风邪气，净化戒治环境。

第四，构筑重感化的施教体系。强制隔离戒毒场所应当加强戒毒人员的生活卫生工作，着力改善戒毒人员生活条件，稳定戒毒人员思想，积极推行心理健康教育和矫治，实施心理危机测试、分析和干预，将戒毒人员产生危险心理和行为的因素消灭在未发之时。同时，采取多种方式，丰富所内文化生活，为戒毒人员提供愉悦身心、合理宣泄情绪的条件和渠道；大力开展职业技术教育，提高戒毒人员回归社会就业谋生的能力，增强戒毒人员的戒毒信心，开展亲情、社会帮教活动，用亲情和社会的关爱唤醒戒毒人员良知，促进戒毒人员彻底戒断毒瘾。

所有这些防患于未然的管教安全合力和协调运转的工作机制，是充分发挥人的作用，筑牢以人为本的第一道防线，实现强制隔离戒毒场所安全治标与治本有机结合的重要举措。

（2）物防坚固。实体防范是强制隔离戒毒场所安全管理的重要屏障。在充分强调人防的核心性作用的同时，实体防范的基础性保障作用，也必须引起高度重视。

完善强制隔离戒毒场所的实体防御体系，形成外围封闭、照明、通信、报警、监控等五大系统。根据司法部有关规定，健全强制隔离戒毒场所围墙内5米、外10米的警戒隔离区，安装周界报警装置、视频监控装置及智能监控报警系统，确保围墙、大门成为戒毒人员望而生畏、不可逾越的防线；并成立护卫队、配备警用车辆、加固防护门窗、提高单警装备水平和警务巡更的震慑力，有效预防各类事故的发生，筑牢安全管理的实体防线。

（3）技防高效。技术防范是人力防范、实体防范在技术手段上的补充和加强。目前，强制隔离戒毒场所安全技术防范系统主要包括视频监控系统、周界防范系统、应急报警系统、门禁控制系统、电子巡更系统等。这些技防系统，不仅依赖于先进的技术装备和先进的技术手段，而且取决于使用这些先进技术装备和先进技术手段的民警的能力水平。因此，根据信息化建设的要求，在不断提高安全技术防范系统的科技含量，从客观条件上有效提高安全管理、应急处置与快速反应能力的同时，还应当重视和加强民警的能力素质建设，这是确保技术防范手段高效运行的根本所在。

3.安全互动机制。随着强制隔离戒毒场所戒毒人员构成的日趋复杂，戒毒人员教育矫治任务的日趋艰巨，强制隔离戒毒场所安全稳定的形势也日趋严峻。强制隔离戒毒场所在维护安全稳定工作中，应建立实施《应对强制隔离戒毒场所突发事件预案》，完善报警、警力集结、现场处置、通信联络等联合互动工作机制，定期开展以提高实战水平和处突能力为核心的反劫持人质和反逃跑等预案演练，提高召之即来、来之能战、战之能胜的处突能力和水平。

加强与社会部门的联合互动。强制隔离戒毒场所应当与当地人民政府、驻军、武警、企事业单位、民兵组织加强沟通与协调，切实将场所安全稳定工作与驻地社会安全稳定工作紧密结合起来，健全完善强制隔离戒毒场所与驻地社会安全部门《防恐处突和处置所内突发事件预案》及其联合互动机制，切实把强制隔离戒毒场所的防恐处突工作纳入驻地防恐体系，提高强制隔离戒毒场所的防恐能力和处突水平。

加强与周边群众的联防互动。强制隔离戒毒场所应当与周边村委会、派出所、驻地机关或组织加强沟通与协调，及时介绍所情变化和安全状况，提高周边群众的联防意识，切实将场所安全稳定工作与提高周围群众联防意识结合起来，构建形成强制隔离戒毒场所与周边群众联防的互动机制。在组织防逃演练中，周边村委会、派出所、驻地机关或组织可同时启动预案，参与进行设卡、搜捕、堵截演练，提高实战能力和处突效果。

4.安全责任机制。坚持"谁主管、谁负责""谁执法、谁负责"的安全责任制原则，构建实施"主要领导亲自抓，分管领导具体抓，层层签订责任状，一级抓一级，逐级抓落实"的安全责任机制。

（1）健全组织领导机构。成立强制隔离戒毒场所安全工作委员会，安全工作委员会主任由所党委书记、所长担任，副主任由其他所领导担任，成员包括场所各部门的主要负责人。

（2）明确工作模式机制。坚持"四个纳入"和"一票否决制"，切实将强制隔离戒毒场所安全稳定工作纳入党委工作、领导决策议题、工作绩效考核和干部能力考察的范畴，并对场所安全责任事故实施"一票否决制"，追究责任单位和相关责任人的责任。

（3）狠抓"一把手"工程建设。明确以科室、大队为安全责任主体，各责任单位的"一把手"对安全负第一位责任，其他领导实行分工负责制，并通过签订《强制隔离戒毒场所安全目标责任状》，实施《安全风险抵押承包制》，强化各级"一把手"的安全职责和安全意识。

（4）完善责任目标考核。健全完善"谁执法、谁负责"的安全责任目标考核体系，实施《民警一岗双责制》和《民警绩效考核办法》，严格落实《强制隔离戒毒场所安全工作目标管理责任制》和《强制隔离戒毒场所安全目标责任考核办法》，形成"人人参与、层层负责"的安全工作格局。

（5）实施"反追究制"。对存在重大安全隐患、严重不负责任、工作推诿扯皮、制度措施不落实或落实不到位的单位，进行责任倒查与责任追究。除发《消除隐患通知书》《纠正违纪通知书》《限期整改责任书》外，根据责任主次，依法追究相关责任单位和责任人的责任，发挥"反追究制"的教育和警示作用。

（6）实施执法督查制。设立所长信箱、检举信箱等，确保内部监督的经常化；邀请人大、政协、政法机关对场所执法工作实施监督，并通过采取聘请执法、行风监督员，向戒毒人员家属发送公开信和征求意见书等措施，实现外部监督的制度化。通过完善执法监督体系，强化民警的执法意识和安全责任，及时防范和填补工作漏洞，防止执法安全事故的发生。

综上所述，安全管理既是一项公安业务（警察执行部门），又是一项社会公共事业和社会经济事业。安全管理的发展和进步，既依赖于科学技术的发展和进步，同时又为科学技术的进步与发展创造良好的社会环境。

🔍 问题

1. 简述现代化的安防技术在强制隔离戒毒场所中的应用。

_____

_____

_____

_____

_____

2. 强制隔离戒毒场所安全工作机制的内容是什么？

_____

_____

3. 强制隔离戒毒场所要形成怎样的安全防控机制？

_____

_____

_____

_____

_____

### 实训任务  强制隔离戒毒场所安全管理

**一、训练目标**

强化学生对强制隔离戒毒场所安全管理制度的理解，并能灵活熟练地进行戒毒工作人民警察执法日常管理。

**二、训练要求**

1. 明确训练目的。

2. 明确训练的具体内容。

3. 熟悉训练素材。

4. 按步骤、方法和要求进行训练。

**三、训练条件和素材**

（一）训练条件

模拟强制隔离戒毒场所及配套基本器材、设施、设备等。

（二）训练素材

某强制隔离戒毒场所内，某戒毒人员的亲属要求探访戒毒人员。依照探访规定，戒毒工作人民警察检查探访人员身份证件，并依外来人员管理制度进行登记、检查与放行，探访在探访室进行，确保戒治秩序与安全稳定。

**四、训练方法和步骤**

在指导教师指导下，学生分组模拟各角色（警戒大门岗值班人员、指挥中心警察、大队警察），以小组合作的形式在训练室进行，具体方法和步骤如下：

1. 准备素材，确定训练方式，学生复习进出管教区人员及车辆管理规定、外来人员管理规定及带值班管理规定等知识内容，做好模拟相应情景及配套基本器材、设施、设备的准备工作。

2. 实训指导教师介绍训练内容和要求，发放准备好的案例素材。

3. 学生阅读素材，讨论实训过程中涉及的岗位，明确岗位职责，在指导教师的引导下完成角色分工，形成情景模拟方案。

4. 实施对探访戒毒相关人员的审批、登记、检查、管控、进出等日常管理，并把各种突发情形加入到实训过程中，以提升学生的管理能力及应变能力。对素材案例中未能提供的条件，由学生酌情进行合理设计和补充。

5. 整理训练成果，形成书面材料。

**五、训练评估**

1. 学生总结训练成果，撰写训练心得体会。

2. 指导教师进行讲评，并评定训练成绩。

🔑 **单元小结**

强制隔离戒毒场所安全管理，亦指强制隔离戒毒场所的安全管理工作，是指强制隔离戒毒场所为确保场所安全稳定，从制定完善的安全管理制度入手，通过人防、物防、技防等安全管理手段的综合运用，对强制隔离戒毒场所安全事故隐患进行有效预防、控制，并对突发事件进行应急处置的一项基础性工作。

🔑 **拓展思考**

随着科技的进步，结合本单元强制隔离戒毒场所安全管理的学习，你觉得还有哪些管理方法与手段在实践中可以应用？

_____

_____

_____

_____

# 学习模块三　强制隔离戒毒场所安全问责

行政问责制度在我国行政工作发展已久，为规范工作人员自身行为起着重要作用。本单元聚焦于强制隔离戒毒场所领导干部责任追究与民警执法过错责任追究，重点论述强制隔离戒毒场所领导与民警责任追究的事由、程序与方法。通过本单元的学习，旨在让学生树立遵纪守法的责任意识，在实际工作过程中严守党性、牢守法线，坚守职责。

## 🔍 学习目标

1. 认知目标：让学生了解行政问责的概念、事由、追究方式。
2. 技能目标：让学生掌握强制隔离戒毒场所重大责任事故调查与问责的程序。
3. 情感目标：让学生养成遵纪守法、敬畏法律的工作意识。

## 🔍 重点内容

行政问责制的概念、民警执法过错责任追究的事由与方式、强制隔离戒毒场所发生重大事故时追究领导责任的事由与程序。

## 🔍 案例导入

张某，系某强制隔离戒毒场所大队民警。在职期间，与所内戒毒人员周某勾结，多次携带香烟给所内戒毒人员，后又私自将手机给周某使用。周某在使用张某手机过程中，与所外社会人士黄某联系，线上指挥黄某进行跨省毒品贩卖活动，造成严重社会影响。

后该所发现张某违纪违法行为，通过调查，对相关涉事领导及民警进行追究。

## 学习单元一　强制隔离戒毒场所问责概述

🔎 **学习目的**

1. 了解问责制度的概念、要素与意义。
2. 了解责任追究制。

🔎 **知识要点**

**一、行政问责的概念**

行政问责制是指各类行政问责主体按照相关的规定、遵循一定的程序，对各级政府及其公务员的履职情况进行考核、质询，并要求其承担不履行职责引起的否定性后果的制度。

行政问责制度包括行政问责主体、行政问责客体、行政问责因由、行政问责程序及行政问责结果等。

1. 行政问责主体是行政问责的发起者与实施者，即由谁来进行问责。在我国，行政问责的主体逐渐多元，不仅包含了政府系统自身的问责机构（即上级政府部门对下级政府部门及其人员的问责），还包括政府系统之外的问责主体，如权力机关、司法机关、各民主党派、新闻媒体、社会公众等。

2. 行政问责的客体是问责的对象，即要问谁之责。当前行政问责的客体是行政机关及其公务员。

3. 行政问责因由是指因为什么而问责，也就是问责所涉及的范围，哪些行为或事故可以作为问责的发起原因。其实，行政问责的因由较多，行政机关及公务员的行使行政权力、履行职责的行为都应当在问责范围之列，诸如决策失误、用人不当、失职渎职等。

4. 行政问责程序是行政问责的活动过程，指向"如何问"。一般来说，行政问责程序是针对行政问责的整个过程而言的，整体上可以分为事前、事中和事后三个阶段，具体包括启动问责、调查核实、问责公开进行、问责结果的确定与公布、问责客体的救济以及复出等程序。

5. 行政问责结果指的是问责客体最终承担什么样的责任。从责任内容上来看，行政问责的责任内容包括政治责任、法律责任、行政责任以及道德责任。《中国共产党问责条例》规定，对党的领导干部的问责方式有4种，包括通报、诫勉、组织调整或者组织处理、纪律处分，其中诫勉既包括谈话诫勉，也包括书面诫勉；组织调整或组织处理包括停职检查、调整职务、责令辞职、降职、免职等。《公务员法》规定，对公务员监督发现问题的，应当区分不同情况，予以谈话提醒、批评教育、责令检查、诫勉、组织调整、处分，处分分为：警告、记过、记大过、降级、撤职、开除。《公职人员政务处分法》明确规定，政务处分包括警告、记过、记大过、降级、撤职、开除。

## 二、行政问责制的意义

实施行政问责制度是激励国家机关和公务人员自觉履行职责、忠于职守、恪尽职责的有效办法。

1. 有利于行政工作人员进一步尽职履职。行政问责制的推行，意味着行政官员不仅要勤政、廉政更要优政，行政问责制的推行，可以实现从无序监督到有序监督，从内部监督到社会监督，从"权力主体"到"责任主体"，有利于整肃吏治，优化官员队伍，造就高素质的行政人才，防止权力滥用，将压力与动力、权力与责任、能力与效力有机地统一起来。

2. 有利于责任政府的建设。《宪法》第 27 条规定，国家机关要与人民保持联系并取得人民的支持，在接受监督的同时以为人民服务为宗旨。如若没有科学、民主的问责机制，行政机关的权力一旦过于集中或被恣意任用便会对人民利益造成侵蚀，或者出现"不求有功、但求无过"的行政懒惰现象，行政问责可在一定程度上对行政机关不恰当行使国家权力行为进行威慑及惩治。打破干部队伍"能上不能下"和"对上不对下"的陋规，建立起一种更直接、更有效的官员淘汰机制。这有利于强化权责对等的观念，纯洁行政机关的队伍建设，提高行政机关的执政能力，改善行政机关的执行效果，使行政机关更有效地履行其社会义务和职责，有利于推进依法行政，建设责任政府。

3. 有利于构建社会主义和谐社会，建设公共服务型政府。建设公共服务型政府，就是要基于现实需要，始终坚持一切从人民群众的根本利益出发，全心全意为广大人民群众服务。行政问责制要走经常化、规范化的轨道，要以解决民生问题为根本着眼点和目的。从内部监督到社会监督，从"权力主体"到"责任主体"，建设公共服务型政府，共建社会主义和谐社会。

🔍 **任务考核**

案例：某强制隔离戒毒场所戒毒人员张某与胡某，在下雨天多次观察民警巡查工作情况，计划逃跑。在一个恶劣的下雨天，两次趁机使用习艺工具绳子和锤子翻墙逃跑。

🔍 **问题**

结合案例，分析该强制隔离戒毒场所管理中存在的问题。

_____

_____

_____

_____

_____

## 学习单元二　强制隔离戒毒场所问责程序

🔍 **学习目的**

1. 了解领导责任追究的事由，清楚重大事故的调查程序与追究方式。
2. 了解民警执法过错责任追究的事由，清楚民警执法过错责任的追究方式。

🔍 **知识要点**

按照司法部相关规定，当强制隔离戒毒场所发生重大事故时，除了要追究负有直接责任的大队及以上领导干部的责任外，还要追究主管单位主要负责人、分管负责人的领导责任。

**一、领导责任追究**

（一）重大事故领导责任的追究原则

1. 以事实为根据。

2. 与职责、过错相适应。

3. 与社会危害程度相当。

（二）重大事故领导责任的追究事由

1. 管教安全类重大事故。包括：戒毒人员 1 人以上脱逃或 1 人以上非正常死亡的；戒毒人员 10 人以上行凶、骚乱、群体性斗殴，造成重伤 1 人以上的；感染 5 人以上的所内艾滋病传播或者戒毒人员 3 人以上所内吸毒的；殴打、体罚、虐待戒毒人员，或者纵容、指使戒毒人员殴打、体罚、虐待其他戒毒人员，致使死亡、残疾、重伤，或者造成其他严重后果的；违反规定使用警戒具，造成严重后果的；枪支、弹药被盗、丢失造成严重后果的；民警严重违法犯罪案件，造成恶劣社会影响的。

2. 生产安全类重大事故。包括：违规组织戒毒人员从事与易燃、易爆、有毒、有害等危险物品有关的劳动，造成火灾、爆炸或者中毒死亡、重伤的；违规组织戒毒人员超时间、超体力、超强度劳动，造成戒毒人员死亡或重伤的；发生生产安全重大事故，造成 1 人以上死亡，或者 30 万元以上直接经济损失的；违规使用车辆，造成 3 人以上死亡重大交通安全事故的。

3. 生活卫生类重大安全事故。包括：未依法履行传染病防治职责，造成戒毒人员 3 人以上死亡的食物中毒、较大规模传染性疾病流行等公共卫生事件；克扣、挪用戒毒人员生活费，致使戒毒人员食物量不达标的。

发生上述重大事故之一的，给予事故责任单位主要负责人通报批评、警告或者记过处分，分管负责人警告、记过或者记大过处分；情节严重或者当年内发生 2 起以上所列重大事故的，给予事故责任单位主要负责人记大过、降级或者撤职处分，分管负责人降级或者撤职处分。

有下列情形之一的，从重或者加重处罚：瞒报、延报重大事故的；对检举人、控告人打击报复的；伪造、藏匿、销毁证据的；发生重大事故后，未及时采取措施，导致重大事故危害后果扩大的；阻挠、干涉重大事故调查，阻挠、干涉追究有关责任人员责任的；拒不按照上级机关的要求对事故隐患进行整改，导致重大事故发生的。

发生重大事故后，迅速采取有力措施，明显减轻危害后果的，可以从轻或者减轻处罚。

（三）重大事故的调查程序

发生重大事故后，强制隔离戒毒场所应成立调查组对重大事故进行调查，并向省戒毒管理局报告。重大事故调查结束后，调查组应当将调查结果及处理建议向省戒毒管理局报告。

调查组履行以下职责：①查明重大事故原因、人员伤亡及直接经济损失等情况；②查明重大事故的性质和责任；③检查控制重大事故的应急措施是否得当和落实；④提出重大事故处理及防止类似事故再次发生所应采取措施的建议；⑤提出重大事故领导责任追究建议；⑥撰写重大事故调查报告。

调查组有权向重大事故发生单位及有关人员了解有关情况，接受调查的单位和个人应当配合。

调查组在调查过程中应当听取重大事故责任人的陈述和申辩。

重大事故调查工作应当在 30 日内完成。因情况复杂需要延长调查期限的，经省戒毒管理局批准可以适当延长，但延长期限不得超过 30 日。

受到处分的人员对处分决定不服的，可以依照《监察法》向监察机关提出申诉。

发生重大事故，有关主要负责人、分管负责人渎职、失职，构成犯罪的，移交司法机关处理。

（四）领导责任的追究方式

追究领导责任应当根据事实、情节以及本人应承担的责任，采取以下方式进行追究：①警示谈话或诫勉谈话，责令检查；②通报批评；③取消当年评选优秀公务员资格；④扣减当月绩效奖金；⑤引咎辞职、责令辞职、免职；⑥给予党纪政纪处分；⑦移送司法机关追究刑事责任。

追究领导责任需要给予党纪处分的，由组织人事部门或纪律检查部门提出建议，党委会研究决定。触犯刑律的，移送司法机关追究刑事责任。

党员受到党内警告或严重警告处分的，1年内不得在党内提升职务和向党外组织推荐担任高于其原任职务的职务。

党员受到撤销党内职务处分的，2年内不得在党内担任和向党外组织推荐担任与其原任职务相当的职务。

党员受到留党察看处分的，其党内职务自然撤销。对于担任党外职务的，应当建议党外组织撤销其党外职务。恢复党员权利后2年内，不得在党内担任和向党外组织推荐担任与其原任职务相当的职务。

**二、民警执法过错责任追究**

（一）民警执法过错责任的概念

民警执法过错责任，是指强制隔离戒毒场所民警在执法过程中，因故意或者过失而发生违法违纪行为所应承担的责任。建立民警执法过错责任追究机制，可以强化民警执法观念，做到公正执法、文明执法，维护强制隔离戒毒场所的正常秩序。

（二）民警执法过错责任追究的事由

过错责任应当根据违法违纪事实、性质和情节，行为人的法定职责、主观过错以及违法违纪行为所产生的后果确定。而对过错责任的追究，也应当坚持以事实为根据、公正公开、法律纪律面前人人平等以及处分与教育相结合的原则。处分应当与过错责任人的过错责任相适应。根据司法部有关规定，具有下列情形之一的，应当追究过错责任：①扣押或销毁戒毒人员申诉、控告、检举、奖惩材料的；②本人或者指使、放任他人殴打、体罚、虐待戒毒人员或者滥用警戒具的；③对戒毒人员超期单独管理、到期不及时办理解除戒毒的；④本人或者亲属索要或者收受戒毒人员及其亲属财物的；⑤克扣、挪用、贪污戒毒人员粮食、伙食费及其他财物的；⑥向戒毒人员及其亲属兜售物品、借钱、借物或委托代购商品，谋取经济利益的；⑦本人或者亲属接受戒毒人员及其亲属的宴请、礼品或者让其代支其他费用的；⑧在值班期间由于失职导致戒毒人员脱逃、伤亡的；⑨由于工作失察、处理不当造成戒毒人员闹事或者其他事故的；

⑩发生戒毒人员脱逃、伤亡事故不及时上报或隐瞒不报的；⑪忽视安全生产造成生产安全责任事故的；⑫违反规定，擅自将管理戒毒人员的职权交予他人行使的；⑬未按规定管理、使用枪支、弹药、警戒具造成丢失或其他后果的；⑭违反规定，为戒毒人员传递信件或捎带物品，私下安排戒毒人员和亲属探访，带领戒毒人员外出，为自己或他人提供劳务的；⑮违反规定，同意对强制隔离戒毒人员准假、所外就诊、减期、提前解除强制隔离戒毒的；⑯办理戒毒人员所外就诊、减期、延期等有徇私舞弊行为的；⑰对戒毒人员及其亲属进行刁难或打击报复的；⑱未经批准，擅自接待外来人员参观、采访强制隔离戒毒所，造成强制隔离戒毒工作失密、泄密的。

（三）民警执法过错责任的追究方式

①情节较轻的，可责令检查，给予通报批评，扣罚岗位津贴、奖金，警告处分；②情节较重的，可给予记过，记大过，调离警察工作岗位处分；③情节严重的，给予降级，撤职，开除处分；④构成犯罪的，移交司法部门依法处理。

对过错责任人需同时给予党纪处分或给予警衔降级、取消警衔处分的，依照《中国共产党纪律处分条例》和《人民警察警衔条例》等规定处理。

过错责任人对处分决定不服的，可依照《行政监察法》提出申述。

🔍 **任务考核**

案例：某强制隔离戒毒场所内部发生戒毒人员吸毒身亡事件。戒毒人员张某通过外协人员将毒品带入管理区，计划趁着民警不注意时分给大家一起吸食，但近几日的值班民警工作认真，张某找不到合适的吸食机会。12月13日，张某发现是民警周某值班，该民警值班较为懒散，经常让班长李某代为查寝。半夜，张某抓住机会，叫醒同寝的戒毒人员，拿出藏匿已久的毒品，伙同大家一起吸食。李某检查到该寝室时，张某递出毒品拉拢李某，李某经不住毒品诱惑，遂一起吸食。吸食毒品过程中，张某由于吸食毒品过量身亡。

事后，对所相关领导与大队民警查处追责。

🔑 **问题**

　　该案例中，强制隔离戒毒场所存在哪些违法失职行为，是否追究相关人员的执法过错责任？

_____

_____

_____

_____

_____

🔑 **单元小结**

　　本章聚焦强制隔离戒毒场所安全管理工作的问责，阐明了行政问责的概念与意义，重点讨论了问责程序，分别介绍了领导责任追究与民警执法过错责任的概念、原则、事由、调查程序与追究方式，让学生在掌握基本问责知识的基础上，养成遵纪守法、敬畏法律的工作意识。

🔑 **拓展思考**

　　1. 领导主责人追究的事由有哪些？

_____

_____

_____

_____

_____

2. 民警执法过错责任的追究方式有哪些?

_____

_____

_____

_____

_____

_____

# 学习领域二

## 强制隔离戒毒场所安全设施管理

党中央高度重视禁毒戒毒工作。习近平总书记多次作出重要指示，强调要"不断提高戒毒工作水平""充分发挥政治优势和制度优势，完善治理体系，压实工作责任，广泛发动群众，走中国特色的毒品治理之路，坚决打赢新时代禁毒人民战争"。

党的十九大以来，以习近平同志为核心的党中央高度重视禁毒工作。习近平总书记作出系列重要指示，科学阐释了治理毒品问题的一系列重大理论和现实问题，为我们做好新时代禁毒工作指明了前进方向，提供了根本遵循。

习近平总书记强调，"当前，境内和境外毒品问题、传统和新型毒品危害、网上和网下毒品犯罪相互交织，对群众生命安全和身体健康、对社会稳定带来严重危害，必须一如既往、坚决彻底把禁毒工作深入进行下去"[1]。"毒品是人类社会的公害，是涉及公共安全的重要问题，不仅严重侵害人的身体健康、销蚀人的意志、破坏家庭幸福，而且严重消耗社会财富、毒化社会风气、污染社会环境，同时极易诱发一系列犯罪活动。"[2]

在充分肯定成绩的同时，必须清醒看到，当前境内外毒品犯罪形势依然严峻复杂，禁毒工作面临诸多新的风险挑战。

2023 年是全面贯彻党的二十大精神的开局之年，是实施"十四五"规划承前启后的关键一年，做好禁毒工作具有特殊重要的意义。要认真贯彻落实习近平总书记关于禁毒工作的重要指示精神，深刻领悟"两个确立"的决定性意义，增强"四个意识"、坚定"四个自信"、做到"两个维护"，增强忧患意识，强化底线思维，坚定担当责任，发扬斗争精神，下先手棋、打主动仗，大力整治突出毒品问题，积极推进毒品治理体系和治理能力现代化，不断推动新时代禁毒人民战争向纵深发展。

禁绝毒品是我们的奋斗目标，厉行禁毒是我们的一贯立场。要以"时时放心不下"的责任感、积极担当作为的精气神，切实履责担责、知责尽责，以对国家、对民族、对人民、对历史高度负责的态度，推动禁毒工作迈上新台阶。要坚持用习近平新时代中国特色社会主义思想统一思想、统一意志、统一行动，坚持党对禁毒工作的全面领

---

〔1〕　2020 年 6 月，习近平总书记为全国禁毒先进集体和先进个人表彰会的召开作出重要指示。

〔2〕　2015 年 6 月 25 日，习近平总书记会见全国禁毒工作先进集体代表和先进个人时指出。

导，坚持以人民为中心的发展思想，坚持厉行禁毒方针，深入推进"清源断流"等行动，依法严厉打击各类毒品违法犯罪，加大重点地区整治力度，严管严控易制毒重点物品，最大限度减少毒品危害，坚持关口前移、预防为先，紧紧依靠群众、广泛发动群众，鼓励和引导广大人民群众和社会各方面力量积极参与禁毒斗争，推动构建共建共治共享的毒品问题治理格局，不断提高毒品治理体系和治理能力现代化水平。

🔍 学习目标

1. 认知目标：了解强制隔离戒毒场所的布局、功能分区，以及各组织机构的设置情况；掌握强制隔离戒毒所信息化建设的相关内容。

2. 技能目标：熟练掌握"智慧戒毒"的主要建设内容和总体技术规范等相关标准。

3. 情感目标：形成规范管理、精细管理、严格依法管理的戒毒执法理念。

🔑 重点内容

本章的重点是强制隔离戒毒场所建设，难点是如何建立强制隔离戒毒与信息科技深度融合的"智慧戒毒"体系，如何形成决策科学、信息灵敏、反应迅速、打击精确、防控严密、执法规范、保障有力、能有效驾驭各种复杂局势的现代警务机制。在学习过程中，必须结合实践多思考、多练习，举一反三，学会规范管理、精细管理、严格依法管理。

🔍 案例导入

深入贯彻落实习近平总书记的重要指示精神，深刻把握新时代戒毒工作基本规律，加强和规范强制隔离戒毒场所建设，提高强制隔离戒毒场所工程建设项目投资决策和建设管理水平，保障强制隔离戒毒工作顺利进行。以提升教育戒治质量为中心，以科学化专业化为方向，以队伍"四化"建设为保障，实施戒毒与信息科技深度融合的"智慧戒毒"体系建设，推动司法行政戒毒工作不断取得新进展新成效。

某省戒毒局迁建工程需要对戒毒指挥中心进行设计和建设，指挥中心选址为监管区 AB 门西侧二楼为指挥大厅，约 200 平方米，涉及指挥中心装饰装修工程、机房工程、显示大屏、通信融合系统、应急指挥平台、网络安全等项目。请按场所建设和信息化建设要素点设计戒毒指挥中心平台组建方案。

## 学习模块一　强制隔离戒毒场所安全设施管理

维护场所持续安全稳定，是强制隔离戒毒工作实现高质量发展的基本保证。

🔎 **学习目标**

1. 认知目标：了解强制隔离戒毒场所安全警戒设施设备管理情况；掌握强制隔离戒毒场所安全警戒组织设置及职责；掌握强制隔离戒毒场所安全警戒值守制度与巡查重点。

2. 技能目标：熟练执行强制隔离戒毒场所安全警戒工作。

3. 情感目标：深化规范程序管理、遵守职业操守、严格依法管理的戒毒管理执法理念。

🔎 **重点内容**

本章的重点是安全警戒设施设备管理的对象及内容，难点是如何在众多细节化管理中厘清管理逻辑，建立科学高效的管理范式。在学习过程中，必须理解安全警戒设施设备管理的整体性，各个管理环节间的互补性，学会科学管理、流程管理、依法管理。

🔎 **案例导入**

近年来，全国戒毒系统深入贯彻落实习近平总书记有关重要指示精神，强化内部管理，狠抓制度落实，常态化开展日常安全检查、视频巡查，及时全面排查整治强制隔离戒毒场所安全隐患。229 个强制隔离戒毒场所连续 10 年以上实现安全管理"六无"目标。

## 学习单元一　强制隔离戒毒场所安全警戒组织及职责

🔎 **学习目的**

1. 了解安全警戒组织设置。
2. 掌握安全警戒组织职责。

🔎 **知识要点**

**一、安全警戒组织设置及职责**

（一）安全警戒组织设置

强制隔离戒毒场所应当加强安全警戒工作，建立安全警戒护卫机构，发挥警戒护卫作用，维护场所秩序和安全。强制隔离戒毒场所应当安排专门人民警察负责强制隔离戒毒场所的安全警戒工作。

（二）安全警戒组织职责

1. 负责强制隔离戒毒场所戒治区门前警卫工作，做好出入所人员、车辆查验、登记等工作。

2. 负责警戒执勤工作。

3. 负责强制隔离戒毒场所所区及围墙内外的巡查、检查，协助搜查违禁物品。

4. 负责视频监控工作。

5. 组织或者参与强制隔离戒毒人员转移、调遣工作。

6. 组织或者参与制定突发事件应急预案，定期开展演练，参与防范和处理强制隔离戒毒场所各类突发事件。

7. 完成其他安全警戒工作任务。

**二、安全警戒警力配备**

强制隔离戒毒场所应当按照戒毒人员总数 2%~3% 的比例，在正式戒毒工作人民警察中选配专职、兼职安全警戒人员，其中专职安全警戒人员不得少于安全警戒人员总数的 60%，40 岁以下警察不得少于安全警戒人员总数的 50%。

戒毒人员总数在 500 人以下（不含 500 人）的强制隔离戒毒场所，配备安全警戒人员数不得少于 10 人；戒毒人员总数在 500 以上 1000 人以下（不含 1000 人）的强制隔离戒毒场所，配备安全警戒人员数不得少于 16 人；戒毒人员总数在 1000 人以上的强制隔离戒毒场所，配备安全警戒人员数不得少于 20 人。

收治女性戒毒人员的强制隔离戒毒场所，应当配备适量的女性戒毒工作人民警察从事安全警戒工作。

**三、警戒护卫警员技能训练**

安全警戒护卫机构应当制定年度训练大纲和月训练计划，对承担安全警戒工作的人民警察开展队列、擒敌技术、警棍盾牌术、器械体操、武装越野等方面的体能训练，开展警械、武器、交通、通信工具使用及信息化应用等技能训练，提高实战能力和水平。

为进一步提高警戒护卫警员技能水平，做好强制隔离戒毒机构安全警戒护卫工作，司法部戒毒局发布了《司法行政强制隔离戒毒所安全警戒护卫机构考核办法》，通过集中进行的专项考核和等级评估，重点对被检单位的安全警戒机构及其机构设置、人员配备、警戒装备、履职能力、警戒勤务、组织训练等情况进行专项考核，量化打分。考核采用百分制形式，设为三个评定等级，其中一级为最高级。

🔍 **任务考核**

警戒护卫组织作为强制隔离戒毒场所一支常设的、专门的、机动的武装力量，在防止戒毒人员脱逃、滋事，防止外部对场所冲击、袭扰，处置各类突发事件、维护场所安全稳定方面，具有不可替代的重要作用。某强制隔离戒毒场所拟起草几方面的强化举措，充分发挥警戒护卫组织维护场所安全稳定的职能作用。

🔍 **问题**

你认为应该重点从哪几个方面推出强化举措？

_____

_____

_____

_____

_____

_____

## 学习单元二　强制隔离戒毒场所安全警戒设施设备管理

🔍**学习目的**

1. 了解强制隔离戒毒场所安全警戒设施设备种类及基本功能。
2. 掌握强制隔离戒毒场所安全警戒设施设备管理方法。

🔍**知识要点**

强制隔离戒毒场所的安全防控主要通过物防、技防和人防三方面进行保障。其中，物防、技防的实现离不开对相关设施设备的良好管理。安全警戒设施设备管理应采取定期检查和不定期检查的方式进行，如发现设施设备存在问题，应及时登记记录，并安排维修处理。在检查过程中应区分自然毁损和人为毁损，如属于人为毁损，则应进一步介入调查。

**一、物防设施管理**

物防，又称为物理防范。强制隔离戒毒场所的物防设施，主要是指具有强制隔离戒毒场所安全管理功能的各种物理设施。物防设施大体分为警戒设施和建筑防护设施。

其中，警戒设施包括警戒围墙、大门、值班室、照明、警戒隔离防护及外围墙；建筑防护设施包括警戒围墙内与房屋建筑和配套设施有关的防护设施。

（一）警戒围墙管理

1. 检查围墙内、外侧是否存在毁损。

2. 检查墙内外安全隔离带是否存在障碍物、遮挡物。

3. 因特殊原因导致存在以房代墙或房屋建筑等设施毗邻警戒围墙近的，应当检查相应隔离防护设施有无毁损。

（二）戒毒管理区大门管理

1. 戒毒管理区主出入口大门内外的缓冲区域，应检查警戒线和必要的缓冲设施是否完好。

2. 检查主出入口 AB 门是否完好，能否实现双门双向互锁功能。

3. 检查警卫室门窗等设施是否完好。

（三）建筑及外窗、走廊、通道管理

1. 检查强制隔离戒毒人员活动区域内建筑物的外窗、外走廊等部位，玻璃、金属防护栅栏等安全防护设施有无毁损的情况。

2. 检查戒毒管理区内、室内楼梯扶手栏杆有无封闭到顶，是否存在毁损。

3. 检查外疏散楼梯周围防护设施、消防爬梯是否存在毁损。

4. 检查戒毒人员活动区域内的外墙、走廊等部位，金属防护栏等安全防护设施是否存在毁损。

5. 检查戒毒人员宿舍外墙管道防攀爬装置是否存在毁损。

6. 检查戒毒管理区室内顶部管道是否出现裸露。

7. 检查戒毒人员活动区域内的房间在不使用时是否上锁，地下室、空置用房、废弃建筑物是否处于物理封闭状态。

8. 检查各安全通道是否堆积杂物，紧急疏散门是否外开，应急照明装置、紧急疏散指示标志有无毁损。同时，对消防器材应定期检验及更换。

（四）管理区内线缆、管道设施管理

1. 检查戒毒管理区内的水暖电的检查口、检查井及给排污等处的闭锁及防护装置是否存在毁损。

2. 检查戒毒人员寝室照明情况配电箱、开关箱是否存在毁损。

（五）探访室、询问室管理

探访室、询问室应重点检查封闭隔离玻璃、金属防护栅栏是否存在毁损的情况。室内不得摆放无关的设施、物品。

## 二、技防设施设备管理

技防，又称为技术防范。强制隔离戒毒场所的技术防范设施，主要是指能够提高强制隔离戒毒场所安全管理的各种现代化信息技术设施设备。

（一）监控设备管理

1. 检查照明灯具是否存在毁损，照明亮度是否能够满足安防需要。

2. 检查监控摄像机有无毁损，线路有无异常，音视频信号是否清晰，拍摄角度是否能够满足监控需要。

3. 检查视频监控画面是否存在黑屏、无图像、倾斜、遮挡、模糊、名称及时间错误的情况。

（二）报警系统管理

1. 检查围墙周界、戒毒人员宿舍阳台和窗户等位置的入侵探测报警系统各项功能是否顺畅运行。

2. 检查戒毒管理区内的大门、警察值班室、戒毒人员宿舍和习艺车间等戒毒人员聚集区域的应急报警触发装置是否顺畅运行。

（三）安全检查设备管理

1. 检查手持式金属探测器是否存在毁损的情况。

2. 测试通过式金属探测门、太赫兹安全检查设备、车底成像系统、生命探测系统和毒品探测仪等是否运行正常。

3. 测试探测和反制低空飞行器系统是否运行正常。

4. 对于安全检查设备过于老旧，需升级换代以应对当前戒毒管理工作形势的，应及时报告。

（四）门禁系统管理

门禁控制系统的管理应注意按钮、刷卡、生物识别、手动控制能否正常使用，同时还应检查各等级的控制方式设置是否安全合理。

（五）电子巡查系统管理

检查巡更点是否牢固可靠，有无松动，确认巡更器与巡更点之间的信号交互是否正常。同时，还应检查巡更点的设置情况，确认巡更点的编号、名称等信息正确无误。

（六）其他技防设施设备管理

其他常见的技防设施设备还包括管控系统、安防机器人应用系统、宿舍对讲系统、数字广播系统及物联系统等。对于这些设施设备，也应当设立专门的管理制度，明确相应的检查、系统设置及升级等规范。

🔑 **任务考核**

案例：全国两会召开在即，为确保两会期间强制隔离戒毒场所持续安全稳定，按照上级关于开展全国两会期间安全生产专项检查的工作方案要求，结合实际，某市强制隔离戒毒场所计划开展安全隐患清所大排查。

🔑 **问题**

请你草拟一份强制隔离戒毒场所安全隐患排查计划方案。

_____

_____

_____

_____

_____

_____

# 学习模块二　强制隔离戒毒场所安全管理数字化建设（智慧化）

在互联网、大数据、人工智能、区块链技术飞速发展之下，司法科技也取得一定进步，其中智慧司法作为司法信息化建设的新阶段，正逐渐成为司法部门的发展趋势，如"智慧监狱""智慧戒毒所"的建立。强制隔离戒毒场所安全管理数字化建设是强制隔离戒毒场所走向智慧化的重要体现。

## 🔍 学习目标

1. 认知目标：了解"智慧戒毒"建设的总体要求；了解强制隔离戒毒场所指挥中心建设的内容。
2. 技能目标：能够使用戒毒指挥中心系统进行日常执法管理。
3. 情感目标：具备智慧化的戒毒工作理念。

## 🔍 重点内容

"智慧戒毒"建设的总体要求、强制隔离戒毒场所指挥中心各系统的功能。

## 🔍 案例导入

"指挥中心，收到请回答……"保持24小时在岗，随时随地接听对讲内容，快速研判并下达指令，确保场所工作有条不紊。这不仅是指挥中心与基层民警日常工作的信息交流，更是应急处突时实现信息互通、资源共享、联防联控联处的一份保障。如遇突发事件，在核实报警信息后，需在规定时间内完成指令下达、协同指挥、信息上报等工作。

请结合该案例，讨论指挥中心的作用。

## 学习单元一　强制隔离戒毒场所数字化建设

当前传统的戒毒方法面临干预受限、风险难测等问题，加之新型毒品呈全球蔓延之势，综合运用大数据、物联网、人工智能等科学手段，使戒毒工作呈现智慧式管理和运行，探索建设一条以人、机器、技术和谐融通为特点的具有中国特色的科学戒毒之路显得尤为重要，"智慧戒毒"建设势在必行。

2018年，司法部印发了《"数字法治 智慧司法"信息化体系建设指导意见》和《"数字法治 智慧司法"信息化体系建设实施方案》，要求全面加快"智慧监狱"建设，推动监狱管理由"智能化"向"智慧化"转变。

2019年1月，司法部印发了《关于加快推进"智慧监狱"建设的实施意见》，该实施意见指出，将于2019年3月底完成首批"智慧监狱"的审核验收，于2019年9月底全面推进"智慧监狱"建设。

2019年1月30日，司法部办公厅印发《智慧戒毒建设实施意见》，明确了"智慧戒毒"的主要内容是建设六大平台，即大数据平台、执法管理平台、安防指挥平台、智慧戒治物联平台、教育资源平台、社会延伸平台。同时印发了《智慧戒毒总体技术规范》等三项标准，4月，司法部发布实施了《智慧戒毒教育矫正信息系统技术规范》等10项标准。

2019年6月发布的《中国司法行政戒毒工作发展报告》指出，近年来，全国司法行政戒毒系统紧跟时代步伐，牢固树立科学戒毒的理念，加大与知名院校、社会科研机构的合作力度，不断探索开发教育戒治的新技术新方法。

此外，该报告对司法行政戒毒工作保障情况进行了介绍。目前，司法部在全国19个省31个戒毒场所试点开展"智慧戒毒"场所建设，综合运用大数据、物联网、人工智能等科学技术手段，总结和发现戒毒工作规律，检验和完善戒毒技术方法。在人才队伍保障方面，司法行政戒毒系统共有警察5.77万人，具有法学、教育学、心理学、医学、监所管理等核心专业民警3.32万人，占总数的57.6%，为开展戒毒工作提供了坚实的人才保障。

截至目前，我国建成了部级执法管理平台，已汇聚近千万条数据；建成安防指挥平台，接入监控视频近12万路，实现强制隔离戒毒场所100%接入。在全国19个省31个戒毒场所开展试点，探索建设以物联网技术为核心，融合戒治技术的智慧戒治物联平台。为全国司法行政智慧戒毒建设工作指明了方向，确立了目标。

司法部2021年9月印发《"十四五"司法行政事业发展规划》，围绕"十四五"时期司法行政事业主要发展目标，谋划部署9个方面的重大举措、重点任务，明确未来司法行政工作的主要发展指标。根据规划，加快"智慧法治"建设与应用。全面提高监狱工作水平，扎实推进社区矫正、司法行政戒毒和安置帮教工作，深入推进更高水平的平安中国建设。同时，着眼于发挥重大工程项目的载体作用，研究部署了县（区）乡（镇）两级公共法律服务中心（工作站）、"智慧法治"信息化工程等重大工程项目，助推重大政策、重点任务、重要举措落实落地。

在信息化飞速发展的新时代背景下，智慧戒毒是司法部对未来戒毒工作发展的整体部署，是综合运用大数据、物联网、人工智能等科学技术手段，将戒毒工作与信息科技深度融合的产物。目前，智慧戒毒顶层设计基本完成，制定了《智慧戒毒总体技术规范》等13项技术规范，出台了《"智慧戒毒"建设实施意见》。全国司法行政戒毒系统信息化建设项目103个，向司法部汇聚戒毒综合业务数据2400多万条，15个省（区、市）的29个强制隔离戒毒场所通过了"智慧戒毒所"验收，29个省（区、市）戒毒局已建设远程医疗、"互联网+医疗"等戒毒医疗康复平台，19个省份建设了戒毒科研基地，开展安防技术、戒治技术方法、人工智能等方面研究。

"智慧戒毒"是对"数字法治、智慧司法"和"十三五"司法行政信息化发展规划的细化，是司法部对未来戒毒工作发展模式的整体部署。

"智慧戒毒"建设以提高戒治操守率和场所综合治理水平为方向，通过安防平台升级改造、执法管理规范拓展、科学戒治流程构建、基础数据扩容提升、社会服务开放便捷等手段，推进智慧安防、智慧装备技术研究和智慧戒治。

**一、智慧戒毒信息化建设总体要求**

1. 智慧戒毒应采用 IPv6（互联网协议第 6 版）技术建设。其总体架构包括基础设施层、数据资源层、共享服务层、综合应用层、智慧应用层和统一门户层共六层，以及安全运维体系和标准规范体系。各层具体内容如下：

（1）基础设施层：包括网络设施、云计算服务、安防设施、物联设施、指挥设施和其他设施。

（2）数据资源层：包括基础支撑、数据信息、数据管理、数据服务、内部数据交换与平台服务接口和外部数据交换与平台服务接口。

（3）共享服务层：包括智能工作协同平台、电子签名系统、即时通信系统、二维矢量地图系统、三维场所仿真系统和语音识别系统。

（4）综合应用层：包括执法管理、教育资源、安防管控、指挥决策、物联管控和社会延伸。

（5）智慧应用层：包括智能分析研判系统、戒毒人员危险性分析系统、戒治效能分析评估系统、所情安全稳定形势研判系统和安全风险动态预警系统。

（6）统一门户层：基于浏览器为戒毒管理机构警察提供一站式信息和应用服务接入。

2. 智慧戒毒部署架构应分为三层，包括司法部戒毒管理局、省（直辖市、自治区）戒毒管理局、强制隔离戒毒场所。

3. 智慧戒毒建设应纳入司法部戒毒管理局、省（直辖市、自治区）戒毒管理局和强制隔离戒毒场所工程建设总体规划，并应专项设计、同步施工、独立验收、保障运行。

4. 智慧戒毒建设应选用具有开放通信协议和接口的系统及设备，且具有良好的兼容性，能实现与相关系统安全互联。各系统及设备应提供完整二次开发包和接口，支持第三方系统集成和调用。

**二、信息化建设机构与人员**

1. 加强组织领导，成立信息化工作机构或明确负责信息化的部门，配备专职人员，完善工作机制，建立工作目标责任制，确保信息化建设应用的各项工作落到实处。强化应用系统落地观念，要统计各所的六大平台使用情况，按月进行通报排名。

2. 加强信息化人才队伍建设，对内加强现有专业技术人才的培养，对外加大人才引进力度，落实业务培训，培养一支既懂信息技术、又懂戒毒业务的专业技术人才队伍。同时要积极搭建交流平台，开展研讨论坛，动员全系统民警积极参与，营造浓厚的业务学习氛围。

3. 做好全员培训工作，所有在岗人民警察，不论年龄，一律接受统一培训，所干部领导以身作则带头参加培训。通过面对面的课堂讲解、上机操作、实地演示、答疑解惑的系统培训让全体民警充分认识到"智慧戒毒"在推进戒毒工作中的重要作用，掌握基本操作方法，达到人人能上机、个个可操作、全员会使用的目的。把熟练掌握计算机基本操作技能和信息技术基础知识，作为新形势下从事戒毒工作人民警察的必备技术技能。

培训内容要涵盖"智慧戒毒"三大核心：

（1）智慧安防。通过培训，民警熟练掌握全所监控设备布局、预览回放监控画面、报警弹窗快速接处警、重大警情启动应急预案等操作。

（2）规范执法。通过培训，民警能够使用平台进行信息录入、网上审批、现场核实、设备抓拍、记录查询等一系列执法规范操作。

（3）信息化服务。通过培训，民警能够使用各大队安装的智能交互终端和人脸点名设备。

4. 融合全系统诊断改进意见，运用科技手段，继续改进完善六大平台，即大数据平台、执法管理平台、安防指挥平台、智慧戒治物联平台、教育资源平台、社会延伸平台。

**三、安防设施建设**

安防设施包括视频监控、报警系统、出入口管理系统、巡查系统、管控系统、安防机器人应用系统、宿舍对讲系统、数字广播系统。

1. 视频监控。视频监控包括视频监控系统、视频云系统、视频智能分析系统。应根据现场环境确定摄像机的安装位置、数量和选型，实现多角度多摄像机视频监控，清晰显示人员行为、车辆特征，达到全域覆盖、无监控盲区；应具有按照指定设备、通道实现图像的实时预览功能，并支持预览图像的显示、缩放、抓拍和录像；应具备日期、时间、监视画面位置等的中文字符叠加显示功能；视频资源编码应符合《司法行政视频监控联网编码规则及视频图像命名规范（试运行）》的规定。

2. 报警系统。报警系统包括入侵报警系统和应急报警系统。同时，应具备故障自检、报警提示功能和防拆、防破坏功能，支持现场声光报警，并同步将报警信息传输至指挥中心。

3. 出入口管理系统。出入口管理系统包括门禁控制系统、安全检查系统、外来人员管理系统。

门禁控制系统要求按照出入口控制需要，应具备按钮、刷卡、密码、生物识别、手动控制等及其组合的门禁控制方式；用于戒毒管理区出入口控制的生物识别系统宜选用人脸识别系统、虹膜识别系统、指静脉识别系统、掌静脉识别系统、指纹及其他生物识别系统中的一种或多种；强制隔离戒毒场所出入口和探访室出入口应配备身份证识别装置，可自动识别外来人员出示的身份证，并能对识别的身份证信息与现场采集的持证人员人脸进行比对。

安全检查系统包括手持式金属探测器、通过式金属探测门、毒品探测仪、车底成像系统和生命探测系统等。

外来人员管理系统应部署在戒毒管理区大门，要求具备外来人员预约、身份证识别、人像抓拍与对比、出门注销功能；具备访客权限授权功能，可授权可访问的重点区域、禁区等区域；具备外来人员的出入时间、事件、对象等数据统计功能；可设定各种查询条件进行查询，支持将可疑人员或被禁止人员列入黑名单，下次来访时系统自动提示功能。

4. 巡查系统。巡查系统包括电子巡查系统、无人机巡查系统。

电子巡查系统应在戒毒管理区围墙周界、戒毒人员宿舍等区域布设巡更点，巡视信息读取装置应支持卡、生物识别等方式，具备巡视线路规划、巡视异常提醒、漏巡晚巡报警，巡视记录统计、分析、打印等功能。

无人机巡查系统可在强制隔离戒毒场所部署，要求对戒毒管理区周界、操场以及管理区外围进行巡查，具备实时监控，广播喊话功能；系统在执行预设巡查任务时，无人机可在操作员监视下实现预编程范围内的自主起飞、自主着陆、自主巡航功能。

5. 管控系统。管控系统包括人脸识别系统、车辆管理系统、外出管控系统、无人机侦测反制系统。

人脸识别系统宜部署在戒毒管理区出入口等区域，要求具有实时抓拍、人脸比对、人脸轨迹、布控报警、以图搜图、抓拍查询、底库查询、告警查询、人员库管理、布控管理、设备管理功能；应能对所内戒毒人员进出情况进行智能点名管理，准确记录戒毒人员的进出信息，对于身份不符的异常情况进行实时报警；具备按照时间和空间维度对所内人员进行黑白名单布控功能，支持在戒毒管理区大门、探访通道等重要部位对戒毒人员进行黑名单报警。

车辆管理系统应部署在戒毒管理区车行通道等区域，具有对车辆进行管控的功能，分析车牌、车型等重要信息，跟踪所内车辆移动，实现强制隔离戒毒场所车辆轨迹管理。

外出管控系统应在强制隔离戒毒场所配备，要求系统包括单警执法视音频记录仪、车载监控、移动视频监控、戒毒人员穿戴式电子定位设备等；系统应支持多路视频同时接入，实时将现场视频传输到指挥中心，并进行本地存储；系统应整合地理信息系统，提供任务管理、定位管理、语音对讲、统计、查询等功能；戒毒人员穿戴式电子定位设备应具备位置回传、超距报警、电子围栏功能。

无人机侦测反制系统可在强制隔离戒毒场所配备，要求对戒毒管理区低空空域无人机等"低慢小"飞行器进行监测、跟踪和干扰;系统应根据实际场景及需求,设置不同等级的警戒区,对闯入的目标可采取不同报警方式进行区分;当目标闯入警戒区,对目标进行报警,并与视频监控系统等系统进行联动;系统应能对进入监测区域的低空、慢速、小目标进行实时监测,获取目标距离、速度和方位角信息;系统应能对闯入警戒区的目标启动无人机干扰系统对其进行跟踪,干扰、捕获。

6. 安防机器人应用系统。安防机器人应用系统可在强制隔离戒毒场所配备,应具备自助定位、导航功能,能根据预设的路径自主完成任务;应具备自定义低电量自主返回充电功能;可具有所内道路周界巡查、紧急情况处置、辅助执法等功能;可具有对戒毒人员看护、点名,生产车间内工具发放、回收等功能。

7. 宿舍对讲系统。宿舍对讲系统应在强制隔离戒毒场所配备,支持可视化功能,具有对讲、监听、报警、广播、多级组网、日志管理、查询、统计等功能。

8. 数字广播系统。数字广播系统要求强制隔离戒毒场所指挥中心应配置广播主机,戒毒管理区周界围墙、操场、生产车间、伙房和戒毒人员活动大厅应安装广播终端;系统应具有全区广播、分区广播、定时广播、消防广播和喊话广播功能;室外广播设备应具有防水功能;紧急广播应具备最高优先权限功能。

### 四、网络设施建设

网络设施建设包括戒毒网、戒毒无线网、戒毒加密网、集群通信网和互联网建设。

1. 戒毒网。戒毒网应基于国家电子政务外网建设,承载戒毒管理机构执法管理、安防管控、指挥决策等业务。

2. 戒毒无线网。戒毒无线网应基于加密可信无线通信技术建设,接入戒毒网,承载强制隔离戒毒场所移动执法、物联通信业务,实现戒毒业务信息和传感采集数据传输,与互联网实现物理或逻辑隔离。

3. 戒毒加密网。戒毒加密网应基于司法行政加密网建设,实现部、局、所互联,承载强制隔离戒毒场所涉密业务管理和涉密数据信息传输,与其他网络实现物理隔离。

4. 集群通信网。集群通信网应基于公共移动通信网络或专用无线数字通信网络,用于警察日常工作和应急调度语音对讲,应提供分组呼叫和多信道通信功能。

5. 互联网。互联网为戒毒管理机构警察、职工提供互联网访问入口,承载强制隔离戒毒相关业务,并对远程医疗、教育矫正等业务提供支持。

### 五、应用系统建设

(一) 综合应用

综合应用包括执法管理、教育资源、安防管控、指挥决策、物联管控和社会延伸。

1. 执法管理。执法管理包括:所政管理系统、教育矫正系统、生活卫生系统、生产劳动系统、戒毒医疗系统、康复训练系统、心理矫治系统、诊断评估系统、警务人事系统。

2. 教育资源。教育资源共享平台应由戒毒管理局统一部署，汇集教育课程、音视频资料、教育课件等教育资源，戒治案例、知识、经验等知识资源，进行交换共享，统一收集使用评价，集中进行管理维护，实现全国戒毒教育资源和案例知识共享交流。

3. 安防管控。安防管控包括安防综合管理平台和多级警戒联动管控平台。

（1）安防综合管理平台应在省级戒毒管理局和强制隔离戒毒场所部署，集成强制隔离戒毒场所各类安全管理系统功能，为戒毒管理区提供自动化、集成化、标准化、可视化的安防监测、控制、管理和安全稳定形势研判功能。

（2）多级警戒联动管控平台宜在省级戒毒管理局和强制隔离戒毒场所部署，融合安防系统和业务系统等功能，围绕警察工作和戒毒人员戒治流程，实现指挥中心、分控中心、管控点联动管控和全程监督、统一调度，实现强制隔离戒毒场所日常工作流程化管理。

4. 指挥决策。指挥决策包括应急指挥平台和决策服务平台。

（1）应急指挥平台应在省级戒毒管理局和强制隔离戒毒场所部署，用于建立智能化应急预案体系，接收突发事件报警，联动执行通信、显示、设备、人力、物力等资源调度，提供信息服务和安全稳定形势研判功能，统一管控应急处置流程。

（2）决策服务平台应在省级戒毒管理局和强制隔离戒毒场所部署，为指挥中心提供执法管理、安防管控、设施运维等综合动态信息服务，提供强制隔离戒毒场所、民警、戒毒人员信息一站式服务，提供所情、警情等可视化研判服务，戒毒信息数据地图分析研判服务。

5. 物联管控。物联管控平台应在强制隔离戒毒场所部署，基于物联设施的通信数据，实现设备管理、规则引擎、物联网应用，实现数据监控、报表统计和数据挖掘，结合戒毒业务应用场景对设备的历史运行数据进行统计分析。

6. 社会延伸。社会延伸平台应在省级戒毒管理局部署，提供戒毒人员所内基本戒治信息，提醒回访工作，采集回访记录、帮扶救助等信息，根据回访时间、形式、结果自动判断脱管情况，统计操守保持率。

（二）智慧应用

智慧应用应包括智能分析研判系统、戒毒人员危险性分析系统、戒治效能分析评估系统、所情安全稳定形势研判系统和安全风险动态预警系统。

1. 智能分析研判系统。智能分析研判系统宜在省级戒毒管理局和强制隔离戒毒场所部署，汇集安防监测和执法管理数据，结合人员动态分布，对强制隔离戒毒场所内报警信号进行智能分级和分析研判。

2. 戒毒人员危险性分析系统。戒毒人员危险性分析系统宜在省级戒毒管理局和强制隔离戒毒场所部署，汇集戒毒人员档案信息、行为表现、康复训练、生命体征、心理情绪等数据，形成戒毒人员画像指标体系，建立戒毒人员危险性分析模型，结合民警判断，对戒毒人员突发危疾重症和实施自杀、自伤、自残、脱逃等行为的可能性进行分析。

3. 戒治效能分析评估系统。戒治效能分析评估系统可在部、省两级戒毒管理局和强制隔离戒毒场所部署，结合戒毒人员画像、心理评测和诊断评估等数据，建立戒治效能评估模型，结合民警经验判断，对戒毒人员戒治状态进行综合评估，对戒治措施的针对有效性进行评价。

4. 所情安全稳定形势研判系统。所情安全稳定形势研判系统宜在部、省两级戒毒管理局和强制隔离戒毒场所部署，汇聚戒毒执法管理和安防应急业务执行状态监控、设施设备运行状态监测数据，建立安全稳定形势评估模型，评估强制隔离戒毒场所管理状态、预测发展趋势，对异常态势进行预警。

5. 安全风险动态预警系统。安全风险动态预警系统可在部、省两级戒毒管理局和强制隔离戒毒场所部署，汇聚安防监测和执法管理动态数据，结合戒毒人员危险性分析、所情安全稳定形势研判、人员动态分布，对强制隔离戒毒场所各区域发生安全事故的风险概率进行分类评估，及时预警并提出干预措施。

## 学习单元二　强制隔离戒毒场所指挥中心平台建设

为扎实推进指挥中心规范化、实战化建设，规范指挥中心管理和运行工作，充分发挥政令警令传达、要情信息处理、工作督查巡查、应急指挥的职能作用，应坚持从长远和大局着眼，加强强制隔离戒毒工作信息统一门户和指挥设施建设，有效整合内部数据资源和多媒体资源，融合外部相关数据资源。利用数据共享交换系统，加快与公检法等政法机关数据共享，实现强制隔离戒毒工作共享数据与公检法政法机关数据的统一目录管理、统一认证和统一交换。

**一、统一门户**

统一门户层应在省级戒毒管理局和强制隔离戒毒场所部署，基于浏览器为戒毒管理机构警察提供一站式信息和应用服务接入，实现用户一站式登录，工作桌面个性化定制、强制隔离戒毒场所业务一站式办理、数据信息一站式利用、任务协同和信息通信功能。

**二、指挥设施**

指挥设施由大屏显示系统、融合通信系统、移动执法系统、数字集群对讲系统和3D沙盘系统组成。

1. 大屏显示系统。大屏显示系统应在部、省两级戒毒管理局和强制隔离戒毒场所部署，用于为指挥中心、分控中心提供高分辨率多路显示输出，多路信息输入，整屏和多路分屏显示。

2. 融合通信系统。融合通信系统宜在省级戒毒管理局和强制隔离戒毒场所部署，提供多种调度应用，具有语音调度功能、视频调度功能、地理信息调度功能、视频推送功能和大屏呈现功能等，可以将各戒毒管理局、强制隔离戒毒场所的音视频数据进行统一集成和调度管理。

融合通信系统支持对各单位的对讲机、警务通、固定电话或网络电话、手机、广播、单兵、视频会议和视频监控等设备的音视频调度管理，包括但不限于单呼、组呼、强插、强拆、监听、保持、语音会议和视频查看等功能，并支持录音、录像。

3. 移动执法系统。移动执法系统宜包括移动执法终端、移动执法应用 App 和移动执法后台管理系统。移动执法应用 App 具有模式切换、一键对讲、一键报警、值班查岗、移动执法取证、数据采集、执法业务办理、集群对讲、视频对讲、视频回传和短消息等功能。

移动执法后台管理系统具有单点登录、消息推送、白名单管理、用户管理、设备管理、应用程序管理、安全管理等功能。

4. 数字集群对讲系统。数字集群对讲系统由网络基础设备和用户终端设备组成，宜提供语音、视频、信息、定位和移动物联等业务。数字集群对讲系统实现群组多媒体业务、移动终端定位、轨迹跟踪、轨迹回放和地图圈选功能。

5. 3D 沙盘系统。3D 沙盘系统可在省级戒毒管理局和强制隔离戒毒场所部署，通过 3D 显示、VR、AR 以及体感控制技术等，基于三维场所仿真系统，为局、所两级指挥中心提供强制隔离戒毒场所周边地形、场院布局、建筑结构、各类资源位置结构、重要信息和情报等信息的虚拟展示，快速进行指挥调度。

## 🔍 任务考核

案例：2021 年底，全国省级戒毒机关已全部建成戒毒执法管理平台和安防指挥平台，已有 53 个强制隔离戒毒场所通过司法部"智慧戒毒所"验收，部级执法管理平台汇聚数据 4200 余万条，与 2020 年相比，增幅达 40%。在数据大幅增长的同时，执法管理平台汇聚数据不及时、不准确、缺项等问题日益凸显，同年全系统组织开展了"数据提升工程"，统一统计口径，加强督促整改，数据偏差率从年初平均 30% 以上降至 10% 以下，近 20 个省份控制在 5% 左右，数据质量大为改观，各项数据能够更加及时、准确、全面、真实地反映戒毒工作实际，初步构建数字赋能新格局。

高点规划、高标推进、高效赋能，全力打造"智慧戒毒"鲁中样本。

智慧戒毒是司法部对新时代司法行政戒毒工作与信息科技手段深度融合发展作出的顶层设计，是落实统一戒毒工作基本模式的整体部署。

近年来，山东省鲁中戒毒所认真落实司法部"数字法治智慧司法"建设的决策部署，大力推进"智慧戒毒"信息化体系建设，智慧安防、智慧戒治、智慧执法等体系基本形成，有力地保障场所安全，促进戒毒业务规范，提高工作效率。2021 年 7 月 15 日，"智慧戒毒所"创建工作顺利通过司法部戒毒局、网信办工作组审核验收。

🔍 **问题**

根据以上案例，你认为应该如何促进信息化与"智慧戒毒"建设的深度融合？

_____

_____

_____

_____

_____

_____

## 实训任务　戒毒指挥中心平台组建方案

**一、训练目标**

强化学生对戒毒指挥中心的理解，并能灵活熟练地进行戒毒工作人民警察执法日常管理。

**二、训练要求**

1. 明确训练目的。

2. 明确训练的具体内容。

3. 熟悉训练素材。

4. 按步骤、方法和要求进行训练。

**三、训练条件和素材**

1. 训练条件：

模拟强制隔离戒毒场所及配套基本器材、设施、设备等，提供戒毒人员相关资料。

2. 训练素材：

某省戒毒局迁建工程需要对戒毒指挥中心进行设计和建设，监管区 AB 门西侧二楼为指挥大厅，面积约 200 平方米，涉及指挥中心装饰装修工程、机房工程、显示大屏、通信融合系统、应急指挥平台、网络安全等项目。请按场所建设和信息化建设要素点，设计戒毒指挥中心平台组建方案。

**四、训练方法和步骤**

在指导教师指导下，学生分组模拟各角色（警戒大门岗值班人员、指挥中心警察、大队警察），以合作的形式在训练室进行，具体方法和步骤如下：

1. 准备素材，确定训练方式，学生复习进出管教区人员及车辆管理规定、外来人员管理规定及带值班管理规定等知识内容，做好模拟相应情景的准备工作。

2. 实训指导教师介绍训练内容和要求，发放准备好的案例素材。

3. 学生阅读素材，讨论实训过程中涉及的岗位，明确岗位职责，在指导教师的引导下完成角色分工，形成情景模拟方案。

4. 按场所建设和信息化建设要素点，设计戒毒指挥中心平台组建方案。方案应包括：

（1）设计封面、目录。

（2）平台逻辑架构图或网络拓扑图。

（3）平台运行的网络设计。

（4）平台运行的设备需求。

（5）平台运行的软件需求。

（6）平台使用对象。

（7）平台建设规模。

（8）平台安全需求。

5. 整理训练成果，形成书面材料。

**五、训练评估**

1. 学生总结训练成果，撰写训练心得体会。

2. 指导教师进行讲评，并评定训练成绩。

🔑 单元小结

本章阐述了强制隔离戒毒场所的场所建设规范要求，明确了强制隔离戒毒场所信息化建设的主要内容。"智慧戒毒"建设以提高戒治操守率和强制隔离戒毒场所综合治理水平为方向，通过安防平台升级改造、执法管理规范拓展、科学戒治流程构建、基础数据扩容提升、社会服务开放便捷等手段，推进智慧安防、智慧装备技术研究和智慧戒治。"智慧戒毒"是对"数字法治、智慧司法"和"十四五"司法行政信息化发展规划的细化。是司法部对未来戒毒工作发展模式的整体部署。提出建设一条以人、机器、技术和谐融通为特点的具有中国特色的科学戒毒之路显得尤为重要，"智慧戒毒"建设势在必行。

拓展思考

1. 如何更加有效地推进强制隔离戒毒场所建设？

_____

_____

_____

_____

_____

2. 如何积极开展全国司法行政系统"智慧戒毒"的建设工作？

_____

_____

_____

_____

_____

# 工作领域一

## 强制隔离戒毒场所安全管理实务

本工作领域包括安全警戒与巡查、安全检查与排查及安全防控等，即民警通过警戒、巡查等方式对各重点内容进行防控，发现并解决强制隔离戒毒场所的安全隐患。

### 🔑 学习目标

1. 认知目标：了解安全警戒、安全值守、安全巡查的流程；掌握安全稳定形势研判的方法；掌握安全隐患排查的方法。
2. 技能目标：能够进行安全警戒、安全值守、安全巡查；能够进行安全检查与安全隐患排查；能够进行重点防控。
3. 情感目标：根植"安全"的戒毒工作理念；培养"执法公正、纪律严明"的人民警察职业素养。

### 🔑 重点内容

安全警戒、安全隐患排查、重点物品防控、重点部门防控、重点时段防控。

### 🔑 案例导入

某日，某强制隔离戒毒场所某大队新收治 10 名戒毒人员入所，这些戒毒人员入所时带了一些物品，包括：内衣、现金、戒指、打火机、小刀、收音机、手机、镜子、牙膏。大队民警通过安全检查发现了其中的违禁物品。

## 工作任务一　强制隔离戒毒场所安全警戒与巡查

### 🔑 学习目的

1. 认知目标：了解安全警戒的范围。
2. 技能目标：掌握安全警戒、值守与巡查的具体职责。

3. 情感目标：培养学生认真负责的工作态度。

## 🔑 重点内容

安全警戒、值守与巡查的具体操作流程。

## 🔑 案例导入

在某强制隔离戒毒场所，戒毒人员张某与戒毒人员王某密谋逃跑行为，多次趁民警不注意的时候观察周围地形，打听逃跑路线。在某下雨天，使用藏匿许久的绳子翻墙而出，最后被警方追回。巡查民警如何做好在特殊时段下雨天的巡查工作呢？

# 工作子任务一　强制隔离戒毒场所安全警戒

## 🔑 学习目的

1. 了解安全警戒的几个重点部位。
2. 掌握各重点部位的安全警戒流程。

## 🔑 知识要点

现场管理民警应亲自组织戒毒人员开展生活、学习、康复、劳动现场活动，每小时巡查并清点人数，严禁戒毒人员单独活动。

1. 生活现场。

（1）督促戒毒人员保持居住和生活环境安全、整洁。

（2）监督药物治疗的戒毒人员按医嘱要求服药。

（3）监督、检查现场卫生防疫状态。

（4）防止戒毒人员把危险物品、违禁物品、控制物品带入生活区。

2. 学习现场。民警应亲自组织戒毒人员参加学习，做到随堂听课、跟班到组、掌握情况、维持秩序、及时处置现场出现的问题。

3. 康复现场管理。民警应亲自组织戒毒人员开展戒毒康复训练，将现场戒毒人员纳入视线范围，监督指导戒毒人员康复训练，杜绝违规操作，加强对戒毒人员、器材、设施设备的管理，维持现场秩序。

4. 劳动现场管理。民警应对参加劳动的强制隔离戒毒人员开展班前安全教育，定时巡查，清点人数，将戒毒人员纳入视线范围，督促戒毒人员遵守劳动纪律和操作规程，落实重点人员包夹监控措施，做好对外协人员的监督管理，收工时进行安全检查。

🔍 问题

民警应着重加强哪些现场的管理？

_____

_____

_____

_____

_____

_____

## 工作子任务二　强制隔离戒毒场所安全值守

🔍 学习目的

1. 了解值班管理的相关内容。
2. 掌握门卫值班要领。
3. 掌握大队值班要领。

🔍 知识要点

1. 强制隔离戒毒场所值班管理。

（1）强制隔离戒毒场所应实行 24 小时值班制度。

（2）强制隔离戒毒场所每日应当安排一名所领导值班。值班领导应对各大队进行巡查，及时处理突发事件和紧急情况；

（3）强制隔离戒毒场所每日应当安排至少一名民警值班。值班民警负责检查大队值班民警到岗履职情况，保持通信通畅，确保重要情况及时报告、妥善处理，并做好记录和交接班工作。

2. 门卫值班管理。

（1）戒毒管理区大门应实行 24 小时双人、双岗民警值班和领导带班制度，值班民警应按照规定佩戴单警装备。

（2）值班民警应做好外来人员、物资以及出入车辆的检查、登记、核对，并定期对管辖范围进行巡查，夜间值班民警至少每小时巡查一次。

3. 大队值班管理。

（1）大队应实行 24 小时值班制度，大队每日应安排一名大队领导带班和三名大队民警值班、备勤。

（2）大队值班领导要巡查值班带班警察到岗到位和工作情况，执行上级部门的工作要求并对大队各项工作进行统筹安排。

🔑 问题

门卫值班民警的工作任务有哪些？

_____

_____

_____

_____

_____

## 工作子任务三　强制隔离戒毒场所安全巡查

🔑 学习目的

1. 了解巡查民警的职责。

2. 掌握巡查工作要点。

🔑 知识要点

1. 巡查民警职责。采用步巡、车巡及视频巡查的方式，负责所内设施安全巡查工作，确保强制隔离戒毒场所的安全稳定。依职责或应各大队的请求，协助对强制隔离戒毒场所重点部位做好巡查。

强制隔离戒毒场所也可以与当地公安、消防、街道办事处和乡镇人民政府等单位联系，建立联合巡查工作机制。

巡查民警还可以对管理区、生产区各大队进行日常巡查，发现问题应及时通知相关大队。

2. 巡查工作要点。

（1）重点时段巡查。重点时段主要包括：起床、就餐、就寝、就医、出收工、交接班，节假日及重大庆典等特殊时期，也包括异常天气或自然灾害发生时期。

（2）重点部位巡查。重点部位主要包括：教育戒治区外围墙周界、消防通道、排水沟等部位及宿舍楼、操场等戒毒人员主要活动场所。

🔍 **问题**

巡查民警需着重开展什么时段的巡查任务？

_____

_____

_____

_____

_____

_____

🔍 **任务考核**

为提高戒毒治疗质量，促使戒毒人员转变思想观念，养成良好劳动习惯，掌握一定劳动技能，提高戒毒人员社会适应能力，强制隔离戒毒场所应当组织戒毒人员进行生产实践活动。作为一名值班民警，你认为应当重点从哪些方面对劳动现场进行管理？

🔍 **单元小结**

本章阐述了强制隔离戒毒场所安全警戒工作的基本要求，明确了安全警戒工作在强制隔离戒毒工作中的重要作用，讲述了安全警戒设施设备种类、功能及管理方法，警戒组织设置及巡查要点等主要知识点。通过本单元的学习，既可以使学生从总体上把握强制隔离戒毒场所安全警戒工作的基本运作架构，也可以使学生从细节上掌握安全警戒工作的知识要点，为进一步筑牢强制隔离戒毒场所安全防线，全面提升学生安全警戒护卫能力打下坚实的基础。

## 拓展思考

1. 强制隔离戒毒场所安全警戒工作中，人防、物防、技防三者的关系是怎么样的？

2. 在工作中应当如何提高强制隔离戒毒场所安全警戒质量？

3. 如何将安全警戒工作与"智慧戒毒"的建设更加紧密有效地结合起来？

# 工作任务二　强制隔离戒毒场所安全检查与排查

2023 年以来，某市以严厉打击、依法管控、社区禁毒、禁毒宣传等为重点，大力推进各项禁毒工作。全市破获毒品刑事案件 1400 余起，抓获涉毒犯罪嫌疑人 2000 余名，打掉涉毒团伙 107 个，强制隔离戒毒人员 3900 余名，建成 162 家中心戒毒社区，创建 20 个"无毒创建"示范街道、11 个"无毒社区"，并积极推进禁毒戒毒宣传"六进"活动。

针对毒情形势的严峻性、复杂性和毒品治理的重要性、迫切性，某市部署在全市范围内开展为期半年的打击治理毒品问题攻坚行动。根据攻坚行动工作方案，某市将组织各区、各部门突出工作重点，明确目标任务，全力打好"综合治理""全链打击""摸排管控""收戒收治""行业监管""重点整治""全面宣防"等七大攻坚战。

## 🔍 学习目标

1. 认知目标：了解强制隔离戒毒场所安全检查的内容。
2. 技能目标：熟悉强制隔离戒毒场所安全检查的目的和意义。
3. 情感目标：注重教育引导，构建高效的宣传体系。

## 🔍 重点内容

本章的重点是强制隔离戒毒场所安全检查，难点是安全检查的内容。在学习过程中，必须结合实践多思考，多练习，学会规范管理、精细管理、严格依法管理。

## 🔍 案例导入

某年 9 月 15 日下午，某省强制隔离戒毒场所在机组保护和分散控制系统（DCS）改造工作结束后，剩余电缆已从工作现场运回检修楼，电缆需经检修楼地面上一起吊口吊入地下室。在起吊作业过程中，突然一人员从距起吊口 3.4 米的仓库中疾速走出，坠入未设临时围栏的起吊口（落差 4 米），抢救无效死亡。请说明本案存在的原因及问题。

### 工作子任务一　强制隔离戒毒场所安全稳定形势研判

## 🔍 学习目的

1. 了解强制隔离戒毒场所的安全稳定形势，掌握安全稳定形势研判。

2. 学习好安全稳定形势动态研判，提高化解风险的岗位职业能力。

🔍 **知识要点**

强制隔离戒毒场所安全工作既与戒毒人员切身利益息息相关，又与社会经济发展与稳定紧密相连，是一项必须长期坚持、贯穿始终、常抓不懈的工作。强制隔离戒毒场所要深入贯彻落实习近平法治思想，以习近平总书记对禁毒工作重要指示精神为引领，结合党史学习教育和政法队伍教育整顿，立足场所安全管理职能，牢固树立安全稳定"红线"意识，切实增强政治意识、大局意识和责任意识，综合安防设施、所情研判、"五重"管理等手段，以强有力的工作措施确保戒毒场所安全稳定。

紧抓人防、物防、技防等措施，把好隐患排查关。采取大队自查、警卫大队日常巡查、科室联合检查小组抽查、纪检监察部门督查、指挥中心日常巡查等多维度的安全检查制度，通过全面排查与重点排查相结合，日常排查与集中排查相结合，自查自纠与督促检查相结合，充分发挥人防、物防、技防作用，体现安全工作的科学性、专业性和时效性，最大限度地消除可能导致各类安全事故发生的隐患。认认真真查漏洞、除隐患，确保场所安全稳定。

强化所情研判，化解风险，把好风险防控关。充分发挥安全稳定形势研判工作的作用，对影响场所安全稳定的各类风险做到预知、预判、预防，全方位排查研判工作中可能存在的问题隐患，抓苗头，抢先手，除隐患。一是对全所戒毒人员开展谈话，了解家中是否有困难，思想是否有包袱，对其进行心理上的疏导；二是做好民警思想动态分析，与长时间封闭式值班备勤模式下的民警思想进行深入研判，做好关心关爱工作。

**一、安全稳定形势研判工作原则与方法**

1. 要注重重点突破，切实开展好安全稳定形势动态研判活动。通过对本单位场所可能存在的风险隐患进行梳理分析，加大对重点时段、重点人员、劳动工具、食品原材料管理等重点关键环节的分析处置力度，提出针对性防范对策、强化具体性工作部署、组织专门性警力落实，想全做细各项安全措施，进一步加强隐患问题的预判预防，做到抓安全心中有底。

2. 要注重细致排查，切实开展好安全隐患排查活动。通过细化各组职责分工、强化大队间交叉检查力度、深化视频监控巡查实效，开展"地毯式"清查，做到排查范围全覆盖，重点环节细致查，往期问题"回头看"，将问题隐患发现在早、解决在前。

3. 要注重教育引导，加强安全稳定工作，切实开展好内部谈心谈话工作。各大队通过晚点名、集中讲评、民警包干普谈、重点人员针对性访谈等方式对全体戒毒人员进行安全稳定警示教育，对小组长、夜岗辅助人员等特岗人员进行专项教育，对重点人员、重点病人、家庭发生变故、存在经济纠纷、正进行行政复议等戒毒人员进行重点摸排和谈话教育，及时了解掌握戒毒人员思想动态，有针对性地落实教育疏导和管控措施。

4. 推进习艺劳动工作。要大力开展有效的、可行的习艺劳动项目，激发戒毒人员的积极性、保证参与率、树立戒治信心，真正做到回归社会后实现顺利就业。

5. 时刻准备好考核迎检工作。各科室各单位要高度重视，提高认识，切实增强责任感和紧迫感，对标检查，强化责任，确保各项具体工作有人管、有人抓、能落实，全力做好迎检准备工作。

**二、安全稳定形势研判的目的及意义**

1. 目的。为了使戒毒学员严格遵守管理要求，养成良好生活习惯，早日做到回归家庭、回归社会，就必须要求全体管教民警开展风险隐患大检查大整治工作，严格按照监管场所管理要求检查强制隔离戒毒场所，严查内部风险隐患，全面整治违禁物品，坚决克服麻痹思想，杜绝危险事故发生。

2. 意义。定期进行安全稳定形势研判工作有利于强制隔离戒毒场所的正常运转，便于及时发现隐患、处理隐患，为后期的排查和解决隐患提供必要基础。同时，有助于责任民警强化责任担当，从严、从实、从细、抓好安全稳定各项工作，进一步加强场所内部规范化管理。

🔍 **任务考核**

案例：某强制隔离戒毒场所承包制作服装，民警人员未检验工厂设施，导致戒毒人员操作中发生钢丝绳过卷扬事故，一名戒毒人员受伤。

🔍 **问题**

1. 说明本案例存在的问题及解决方法。

_____

_____

_____

_____

_____

2. 安全稳定形势研判工作的原则与方法有哪些?

_____

_____

_____

_____

_____

# 工作子任务二　强制隔离戒毒场所安全检查

## 🔑 学习目的

1. 了解强制隔离戒毒场所安全检查六大方面。
2. 掌握强制隔离戒毒场所安全检查的目的及意义。

## 🔑 知识要点

各省、自治区、直辖市公安厅、局要根据本行政区域内戒毒工作的实际需要,制订建立强制隔离戒毒场所的安全管理统一规划,报政府批准后实施。需要建立强制隔离戒毒场所的县级以上公安机关要及时向政府报告有关情况和建所计划,具备必须的财力、物力、人力,尽快开展强制戒毒工作,并保障其安全。强制隔离戒毒场所应当逐步配备足够的管理人员、医护人员和必要的医疗设备、文体活动器材,不断提高戒毒效果。强制隔离戒毒场所应创造条件开展一些生产劳动项目,组织经脱瘾治疗身体已经康复的戒毒人员参加力所能及的劳动,矫正戒毒人员好逸恶劳的不良行为,向戒毒人员传授劳动技能,为他们重返社会后解决就业问题等创造一定条件。

强制隔离戒毒场所安全检查主要从六个方面进行:

1. 检查戒毒人员宿舍是否藏有可供学员自杀、脱逃、行凶的危险物品和违禁物品。
2. 检查戒毒人员宿舍门锁、窗户、墙壁、防护网等是否牢固和完好无损。
3. 检查通信、照明、电源、监控、报警装置等安全设施和装备是否有效。
4. 对戒毒人员宿舍以及病室床铺、床单、被褥、床下、收纳箱、杂物柜、卫生间、垃圾桶等可能存放违规违禁物品的地方进行认真细致排查,坚决消除不稳定因素和其他安全隐患。

5. 对戒毒人员宿舍以及病室病区 ABC 门、病室门、报警装置、监控设施、对讲装置等安全设施进行全面检查。

6. 筛查戒毒人员的身体健康状况，并对各病室及放风场所等区域进行无死角消杀工作。

对戒毒人员生活现场的检查包括：对戒毒人员出入宿舍进行检查、巡查，防止戒毒人员把危险物品、违禁物品带入宿舍。检查时要由表及里，不放过任何可疑线索。每个月不定期对戒毒人员进行尿检抽查，对因所外就医、探视归队的戒毒人员进行物品检查和尿检。

对戒毒人员劳动现场的检查包括：戒毒人员出工和收工必须由值班民警亲自整队带领，检查戒毒人员着装和随身物品；收工时清点人数、检查随身物品、检查劳动工具，做到统一保管、统一发放和统一回收。

## 🔍 任务考核

案例：某强制隔离戒毒场所戒毒人员在工作时为更换输煤皮带打开吊砣间的起吊孔（标高 25m），仅用一条尼龙绳作为简易围栏。工作负责人于某带领岳某等人到达吊砣间，进行疏通落煤筒工作，未检查发现起吊孔未设围栏，便开始作业。一戒毒人员用大锤砸落煤筒，岳某为躲避大锤后退时，从起吊孔坠落至地面（落差 25m），抢救无效死亡。

## 🔍 问题

1. 说明本案例存在的问题及解决方法。

_____

_____

_____

_____

_____

2. 如何开展对戒毒人员宿舍的检查？

_____

_____

_____

_____

_____

## 工作子任务三　强制隔离戒毒场所安全隐患排查

### 学习目的

1. 了解管教安全隐患排查的内容与方法。
2. 熟悉物防技防设施的管理和使用。

### 知识要点

各级公安机关要经常开展面向广大群众的禁吸戒毒法制宣传教育，让群众充分认识吸毒的危害，教育群众特别是教育最易受毒品侵袭的青少年远离毒品，提高群众抵御毒品侵害的能力。对吸毒人员一定要及时发现，依法处理；对吸毒人员交代和揭发的零售分销毒品及容留、引诱、强迫、欺骗他人吸毒案件的线索要一查到底，依法取缔地下毒品零售市场、吸毒窝点，摧毁毒品分销网络。基层派出所要切实掌握辖区内吸毒人员的底数，列入重点人口管理。对吸食、注射毒品成瘾的，要按照《司法行政机关强制隔离戒毒工作规定》进行强制隔离戒毒。

**一、安全隐患排查的内容与方法**

（一）管教安全隐患排查的内容与方法

1. 危险人员排查。

（1）危险人员类型。危险人员主要包括：具有脱逃、行凶、自杀、自伤、自残等危险倾向的；不服从管理的；HIV 感染者中难矫治的；具有暴力倾向，可能发生严重斗殴的；遭遇重大变故和打击的；有严重疾病、没有戒毒决心、急性戒断症状严重的；正在执行禁闭的；性格内向、孤僻，不善于表达的；在所内恃强凌弱、屡教不改的；因其他原因导致情绪不稳定或心理测评有严重心理障碍，有危险行为倾向的；精神病患者、急性戒断症状者；等等。

（2）思想动态分析。通过戒毒人员思想动态分析会，警察互通信息，交流经验，对戒毒人员思想情况进行分析，整理汇总危险人员思想动态信息，为下一步采取有效措施打下基础。

具体内容包括：对危险人员带隐蔽性思想问题进行细致深入的分析；对戒毒人员遵守所规所纪的行为和情绪进行分析并对危险人员进行"三包"（包管、包教、包转化）等。思想动态分析的要求首先是情况来源要准，民警在日常管理中，要多注意观察危险人员的言行，或从其他戒毒人员那里对危险人员进行侧面了解，还可以通过对危险人员进行个别谈话教育得到真实信息；其次是分析判断要准，收集基本信息之后，民警要综合所有掌握的信息，进行去伪存真；最后即采取的措施要准，危险人员所表现出来的思想倾向问题，有的应立即采取强制性措施进行预防，有的则应采用教育和个别谈话等措施予以解决。

思想动态分析必须要有书面分析记录，有完整规范的会议记录，大队领导要对会议作小结，进一步明确工作任务和责任。

2. 群体异常动态排查。戒毒人员大部分能遵守所规队纪，思想比较稳定，但有时候也会基于主客观原因存在一些安全隐患。如戒毒人员集体骚乱、集体绝食、集体斗殴、行凶伤人、与民警发生冲突对峙，以及发生重大安全事件、群体性不明原因的疾病、群体食物中毒事件等。从本质上讲，突发事件的发生是某些危险因素长期存在并相互作用的结果，但从隐患出现到爆发一般需要有激发的条件，其中一个条件就是各种人为因素。所以在对群体异常动态进行排查的过程中，戒毒工作人民警察要对这类事件积极寻求预防对策，采用以下方法积极进行排查。

（1）现场排查。要对寝室、车间、食堂、教室等经常活动区域加大检查监控力度，加强生产项目管理，严禁戒毒人员从事易燃、易爆和有毒有害产品生产加工工作。对车间、宿舍经常组织检查，及时发现戒毒人员群体间的冲突和不满情绪；加强卫生知识宣传，结合不同时期、不同要求开展消毒作业，防止食物中毒等事件发生。

（2）所情研判。要结合实际工作情况，启动所情四级研判：局级月研判、所级周研判、科室专项研判、大队日研判（每日交接班记录和信息互通）。坚持认真梳理问题，对异常动态及时通报和问责，对科室、大队存在的异常情况，要及时收集并汇总本部门各类影响安全的信息，按照"早发现、早报告、早处置"的原则分析判断，预测可能发生的情况，及时上报。领导要高度重视，协调各方信息，积极开展研判，及时排查调处各种矛盾纠纷，预测并排查问题，对下一阶段工作措施积极部署，包括对管教安全、生产安全、队伍安全、舆情安全等方面存在的问题和隐患进行分析，比如民警文明执法情况、重点人员摸排情况等。

3. 物防和技防设施的管理和使用。强制隔离戒毒场所安全的防控离不开物防和技防设施的良好管理和使用。检查强制隔离戒毒场所的围墙、铁门、警戒隔离带等警戒隔离设施是否完好，有无人为破坏的现象，围墙有无遮挡。严格遵守监控设备操作规范，爱护设备，排查视频监控、应急报警、安检门禁系统、对讲机等监控设施运行是否正常，密切关注设备运行状态，对设备运行不稳定现象要及时上报处理。排查电话、报警器、照明设备、电源等是否运行良好，管理是否规范、维修是否及时；排查是否有戒毒人员代替民警管理的现象；等等。排查都要进行完整记录

4. 危险物品的排查。排查有无危险物品流入，或者戒毒人员是否与有关外部人员及有可能进入所区的相关人员勾结，企图私带违禁物品、危险物品入所，包括传递和藏匿毒品、香烟、注射器、现金、通信工具、绳索、刀具等。

（1）对新入所人员检查。在入所时，如果民警对戒毒人员检查不彻底，上述物品就会流入所内成为违禁物品。入所检查时要彻底，要有超常的眼光和思维，对有可能藏匿现金和毒品的任何部位都不能放过。

（2）对习艺车间的巡查和监控。生产项目都有外协人员来做技术指导，而这些人员素质往往良莠不齐，有少数外协人员可能会因不懂政策或贪图小利，利用工作之便给戒毒人员带入违禁物品，或与所外人员相互勾结，约定时间和地点，将违禁物品从围墙上抛入所内隐蔽处。除此之外，戒毒人员还会利用民警管理上的疏忽，利用一些生产设备、原材料自制违禁物品。

（3）加强技防全程监控。对戒毒人员寝室、活动区域、习艺车间等实施技防监控，对探访监控加强检查，及时发现戒毒人员藏匿违禁物品的可疑行为。

（4）严打击，重疏导，加强对戒毒人员的思想教育。强制隔离戒毒场所应加强对私藏危险物品的戒毒人员的打击处理，依法做出批评教育、警告、记过、单独管理等严肃处理，对戒毒人员形成震慑，使其不敢或无法藏匿违禁物品。除此之外，要端正戒毒人员戒治态度，促使戒毒人员养成规范、文明戒治的良好作风，让戒毒人员充分认识私藏违禁物品的性质和危害，养成良好行为规范。

5. 其他管教安全隐患的排查。检查各项制度的落实情况，特别是民警直接管理制度的落实情况。要求课堂教育由民警亲自带入教室，维护课堂纪律；排查重点管理部位和重要管理活动是否有戒毒人员代行民警管理职权的现象；排查预警制度和重大预警管理制度建立情况，注重戒毒人员的动态和静态信息收集、分析系统是否建立，是否有相应制度、文字资料；确保所外就医戒毒人员的医疗鉴定和伪病鉴别工作规范的落实，防止意外事件发生，做好戒毒人员非正常死亡的抢救工作，针对这类事件制定应急抢救预案，配足警力，严格监控。

（二）生产安全隐患排查的内容与方法

1. 生产项目的排查。加强生产项目管理，严禁戒毒人员从事易燃易爆、有毒有害产品生产加工工作。从保障强制隔离戒毒场所安全实际需要出发，重点排查机械伤害、

用电安全、防尘、防毒、噪声污染等方面的危险源管理制度制定与执行情况；检查戒毒人员在习艺劳动中是否存在违章生产、违规操作的行为。

2. 生产工具和生产原料的排查。经常检查劳动现场、生产设备、生产工具、生产原料，及时发现和消除隐患。排查现场生产原料管理是否规范、是否按规定摆放、数目是否清楚。排查民警是否严格落实生产工具管理制度，由民警从工具房领出工具，发放给戒毒人员，并做好相应记录；剪刀、锉刀等是否固定管理、专人管理，保证生产现场的工具和原材料等不流入戒毒人员生活区。剪刀和锉刀是否采取锁链固定管理，并在收工时及时清点和收回；其他生产工具是否严格落实"出工发放，收工收回"制度。排查设备使用和维护保养情况，生产设备是否保持整齐、清洁、润滑、安全运行，定期进行检测和抽查。

（三）公共卫生安全隐患排查的内容与方法

公共卫生安全事件是指造成或可能造成社会公众健康严重损害的重大传染病疫情、群体性不明原因疾病、重大食物和职业中毒以及影响其他公众健康的事件。戒毒人员普遍体质较差、人员较为集中，各类传染病预防控制的客观不确定因素较多，所以强制隔离戒毒场所极易成为各类传染病的高发和高流行区域。

成立强制隔离戒毒场所卫生安全防控的专门部门。根据所内卫生安全工作的实际需要，应当建立相应的专门部门。强制隔离戒毒场所卫生安全防控工作要在分管所领导的领导下，建立卫生安全防控工作网络，检查、督促和指导大队中队做好强制隔离戒毒场所卫生安全防控工作。

强制隔离戒毒场所医院负责防病治病工作，包括临床、医疗、病情疫情的监测和可疑人员及高危人员的排查、疾病预防宣传、所内各区域消毒以及对民警防控认知及防护技能的培训工作；生活卫生科负责戒毒人员的生活物品保障、环境保障和良好卫生习惯的养成；教育部门负责心理咨询和心理干预工作；所政管理部门负责戒毒人员的常规管理、信息管理工作。强制隔离戒毒场所医院还要积极主动与地方公共卫生安全部门、地方疾病预防控制中心等部门进行沟通协调，争取支持，合作共建，建立密切联系，整合有关资源，共同做好强制隔离戒毒场所卫生安全管理工作。

2. 预防各类疾病。建立健全登记、报告制度，按照"真实、准确、详实"的要求采集新收人员基本情况和基本信息，全面掌握病史病因，对每名戒毒人员建立健康档案。健康档案的内容主要应包括姓名、性别、出生年月、身份证号码、血型、既往病史、患病种类、药物过敏史、家庭联系电话等信息，便于实施紧急救助。严格执行传染病的管理、报告和消毒隔离制度，常规传染性疾病人员进行隔离治疗，防止传染病在所内的传播。

3. 做好强制隔离戒毒场所日常保洁、消毒工作。建立食品安全准入制、定期消毒制、传染病普查制等预防措施。消毒工作是强制隔离戒毒场所卫生安全防控的一项基础性、常规性工作。在戒毒人员患有各类疾病较多情况下，强制隔离戒毒场所的保洁、消毒工作应参照医疗卫生单位保洁、消毒标准。对有高危传染病的戒毒人员，要采取专区专人专控，密切关注，防止引发群体恐慌。

4. 加强对戒毒人员的健康教育。健康教育要从收治阶段抓起，重点是要培养戒毒人员防病的意识和能力，养成良好的卫生习惯。根据气候季节变化、戒毒人员患病情况及社会疾病流行情况，适时开展一些有针对性的健康卫生知识专题讲座，提高戒毒人员对疾病的防范应对能力。可以对一些常见、易发、多发或季节性疾病的防治进行整理，汇编成册，发放给戒毒人员，并开展每日健康提醒工作，中队或大队利用所务公开栏设置每日（周）健康提醒专栏。

对于初入强制隔离戒毒场所的戒毒人员，在筛查基础之上对确诊为 HIV 阳性的人员要转入专管场所。根据他们的不同心理特点进行分类编队、分期管理，密切观察留意，加强艾滋病知识的宣传教育，避免交叉感染。在日常管理中，可以通过讲座、谈心、讨论、活动等方式，鼓励他们面对挫折，培养积极乐观的健康心态，以稳定戒毒人员的情绪，减少不稳定因素。

（四）其他安全隐患排查的内容与方法

在对戒毒人员的管理中，要加强对所内违法违纪行为的预防。在执法过程中，如果戒毒工作人民警察忽视了某些人，就有可能造成民警和戒毒人员的矛盾，或班组长和戒毒人员之间的矛盾，进而引发某些人找机会报复的心理，从而产生破坏秩序和伤害他人的行为。

强制隔离戒毒场所是一个相对封闭的场所，戒毒人员成分和社会关系复杂，行为冲动，对抗性强且有共同依附的心理，有些戒毒人员经常因日常琐事和其他戒毒人员发生口角，进而演变为打架斗殴，所以加强戒毒人员班组建设尤为重要。班组应在警察直接指导下，实行一定程度的自我管理和民主管理，发现不称职的人员要及时更换或撤换，并做出适当处理，避免因人为因素导致所内犯罪事件的发生。

在执法过程中，还应强化戒毒工作人民警察执法素养和法律意识，尊重戒毒人员的合法权益，从不同层面对戒毒人员的生活和精神进行关注，协调制度化建设与改造个体的关系，为提高戒毒人员群体的戒治质量提供支持。比如让戒毒人员在所内多学习多看书，利用课堂教育和心理辅导，培养戒毒人员积极的认知方式，教会戒毒人员掌握调节情绪的方法，让戒毒人员学会建立和谐的人际关系。组织戒毒人员进行现身说法，教育其他戒毒人员，从思想深处牢筑遵纪守法的防线，使戒毒秩序更加有序。

🔑 案例分析

某戒毒所 2 名戒毒人员站在空气预热器上部钢结构上，在进行起重挂钩作业时，发生口角，失去平衡同时跌落，致使 1 人死亡。

🔍 **问题**

为避免此类事件发生，应如何进行安全隐患排查？

_____

_____

_____

_____

_____

_____

🔍 **任务考核**

强制隔离戒毒场所安全隐患排查是指对所内的安全风险和潜在危险因素进行系统性的检查和识别，以预防和消除可能导致事故、损害或不良事件的各种问题的过程。通过强制隔离戒毒场所安全隐患排查，可以及时发现和解决潜在的安全问题，降低事故发生的风险，为戒毒人员提供一个安全、稳定的康复环境。作为一名值班民警，如何对危险人员进行排查？如何对危险物品进行排查？

🔍 **单元小结**

本单元阐述了强制隔离戒毒所的安全检查与排查工作，明确了强制隔离戒毒所安全隐患排查的主要内容及方法。在学习过程中，必须结合实践多思考，多练习，举一反三，学会规范管理、精细管理、严格依法管理。

🔍 **拓展思考**

1. 如何更加有效地进行安全隐患排查？

_____

_____

_____

_____

_____

2. 如何进行安全稳定形势研判的工作？

_____

_____

_____

_____

_____

# 工作任务三  强制隔离戒毒场所安全防控

## 🔑 学习目标

1. 认知目标：掌握危险物品的概念、种类，违禁物品和违规物品的概念、类别及防控方法，了解掌握重点防控的内容，明确防控的关键环节和重点。

2. 技能目标：掌握有效安全防控的具体方法和技能，能够准确识别并查验违禁物品和违规物品，能够准确区分重点人员并进行有效防控。

3. 情感目标：通过学习增强工作中的规范意识、责任意识和安全意识，形成严谨正确的工作态度和价值观念，能更好地适应个人发展需要。

## 🔑 重点内容

本部分要掌握的重点内容包括：危险物品的概念和种类；违禁物品防控的方法；违规物品防控的方法；重点防控的内容；重点人员的分类及防控措施。

## 🔑 案例导入

某强制隔离戒毒场所，戒毒人员 A 在戒毒期间，违规获取手机，频繁以短信、电话、微信等通信方式与外界联系，并将手机借给其他戒毒人员共 5 人使用，戒毒人员 A 使用手机与所外人员通话 23 次，组织、安排走私、运输毒品等犯罪活动。最后，该起走私、运输毒品案被公安机关破获。请分析该案例属于哪类安全防控。针对此案例，应该采取哪些措施加强该所的安全防控。

## 工作子任务一　强制隔离戒毒场所危险物品防控

🔍 **学习目的**

1. 掌握危险物品的概念、种类。
2. 掌握违禁物品的概念、种类和防控方法。
3. 掌握违规物品的概念、种类和防控方法。
4. 能够准确判断违禁物品和违规物品。

🔍 **知识要点**

强制隔离戒毒场所的违禁物品和违规物品总称为危险物品，是指对强制隔离戒毒场所安全和人身安全构成危险，禁止和限制戒毒人员持有使用的物品。主要包括毒品药品类、易燃易爆类、金属利器类、绳索攀爬类、通信电子类、现金证券类、身份证件类、烟酒食品类、玻璃器皿类和其他物品类。对危险物品的防控，既是强制隔离戒毒场所有效预防和控制行凶、伤害、脱逃等所内突发事件发生和复吸的重要环节，也是强制隔离戒毒场所安全防控的常态基础性工作。

**一、违禁物品防控**

1. 违禁物品是指具有重大危险，可能引发严重安全事故，禁止戒毒人员使用的物品。主要包括：毒品、手机或其他具有无线上网功能的电子产品、现金、酒类、便服、假发、证卡（入所前办理）、贵重物品、非生产用锐器、钝器、剧毒物品、攀高物、武器弹药等。违禁物品应当禁止进入强制隔离戒毒场所，彻底清缴。

2. 违禁物品防控的方法。

（1）严格执行大门安检制度。在戒毒管理区大门配备金属探测器、毒品检测仪、安全检查门等安检设备，设置专职安检岗，对出入人员、车辆逐一查验证件，进行安全检查并登记、签字，严禁携带违禁物品进入戒毒管理区。

（2）严格实行新收治戒毒人员"净身入所"制度。戒毒人员的所有个人物品，包括便服、证卡、贵重物品等，一律封存保管，在探访或解戒时发还，现金由民警存入戒毒人员账户。执行强制隔离戒毒期间，戒毒人员所需被服等物品由强制隔离戒毒场所统一配备，其他生活用品由所内超市供应。

新收治戒毒人员应当进行全面、细致的入所体检和安全检查，严防戒毒人员身体内和物品中藏匿、夹带毒品等违禁物品，负责入所体检的医生和安全检查的民警应当签字确认。

因离所就医、探视、文体活动等情形返回强制隔离戒毒场所的，应当进行人身和物品检查，防止携带违禁物品入所。

（3）严格进入戒毒管理区的外协、施工和维修人员管理。此类人员应接受门卫值班民警的安全检查，严格执行换证押证制度，并佩戴标识，不得携带与工作无关的物品，不得超越限定的区域。禁止外协、施工和维修人员单独接触戒毒人员，禁止外协、施工和维修人员将劳动工具、原材料等提供给戒毒人员使用。

（4）加强因办案、参观、帮教等原因，需要进入戒毒管理区的外来人员管理。此类人员应当接受门卫值班民警的安全检查，严格执行押证换证制度，并佩戴胸牌，不得携带违禁物品入所，不得超越限定区域。禁止外来人员单独接触戒毒人员。

（5）强制隔离戒毒场所应当建立专门的集中封闭物流区，在物流区对所有进入戒毒管理区的车辆及物品进行严格检查，所有进出物品由场所专用车辆和专职人员配送。

因硬件设施原因，一时不能建立物流区的，应当配齐检查人员和检测设备，严格检查程序，对进出车辆以及随车货物进行严格检查和登记，车辆进入和装卸货物必须由民警全程跟车监控，驾驶人员和送货人员不得与戒毒人员单独接触，车辆应按规定停放。禁止机动车辆夜间停放于戒毒管理区。

（6）严格落实探访制度。探访室安装透明密封隔离装置，探访时使用内线电话隔离会见，零星探访必需经分管所领导审批，禁止随意扩大范围，禁止变通探访时限和要求，禁止探访人员为戒毒人员带送任何物品。探访（包括零星探访）结束后，戒毒人员返回宿舍时必须经大队安检门检查，并由民警进行人身和物品检查。

（7）强制隔离戒毒场所对邮寄给戒毒人员的物品（仅限信件、照片），应当由民警查验、登记并签字确认。

（8）戒毒管理区围墙内外应设置不小于 5 米的安全隔离带，围墙内安全隔离带应划设警戒线，安全隔离带内无障碍物。一般情况下禁止戒毒人员进入隔离带。警戒护卫大队每小时巡查不少于 1 次，探访时段加大巡查频次，总监控室实时监控。强制隔离戒毒场所应对围墙周界开展经常性清查，及时发现和清缴违禁物品。

（9）强制隔离戒毒场所应当定期对戒毒人员进行尿样检查或抽查。对所外就医、探视等回所的戒毒人员必须进行尿检；对班组长、民管员、安全员、卫生员等活动范围比较大以及与外协人员接触的对象，要定期进行尿检。

（10）加强宣传教育。既要注重对戒毒人员的教育，促使其端正戒治态度，树立正确的戒治观、法治观，促使戒毒人员养成依法依规、文明戒治的良好行为，又要注重对民警的教育，防范其对工作麻痹大意和对违禁物品认知不清。强制隔离戒毒场所应当定期对民警、职工、外协人员、戒毒人员进行危险物品管理专题教育，在重点区域、醒目位置设立警示牌，向民警、职工和外协人员发放警示卡，与民警、职工、外协人员及外协单位签订书面承诺书，组织戒毒人员提交书面保证书，告知戒毒人员家属和外来人员不得为戒毒人员带送危险物品等。

**二、违规物品防控**

1. 违规物品是指可能被戒毒人员利用实施作案，但因工作和生活需要，必须加以规范妥善管理、严格限制使用的物品。主要包括：

（1）打火机、火柴、油等易燃易爆物品。

（2）酒精、甲醇、稀料、助焊剂、润滑油、香蕉水等生产用物品。

（3）刀具、剪子、锥子、锤子、起子、钳子、铲子、钩子、扳手、铁锹、斧头、铁锨等利器、钝器。

（4）消毒剂、杀虫灭蚊剂、洗洁剂、洁厕净以及具有放射性、腐蚀性的有毒有害物品。

（5）铁丝、布条、绳子、盘带、包装带、强弱电线等各种可用作绳索的物品。

（6）针具、精神药品、麻醉类药品及其他医院制剂、器械。

（7）梯子、脚手架、斗车、垃圾桶、水桶、桌子、椅子等利于搭台攀爬的物品。

（8）棍棒、拖把、扫帚、床架、铺板、鞋架等生活物品。

（9）理发工具、指甲刀、剃须刀、铁制衣架、烟灰缸、雨伞及骨架、铁碗、筷子及其他铁制、玻璃、陶瓷制品。

（10）消防水带、灭火器、落水管等物品。

（11）教学用电器、线绳、铅球、铁环、书籍等文体用品。

（12）食品、香烟等物品。

（13）值班钥匙、门禁卡、对讲机、警棍、警绳、手铐、强光手电、束缚用品等警用物品。

（14）其他可能对强制隔离戒毒场所安全构成威胁的物品。

2. 违规物品防控的方法：

（1）加强警用物品的管理。强制隔离戒毒场所设置警用器械专柜，用于妥善保管对讲机、手铐、警棍、催泪瓦斯、强光手电、警绳、束缚用品等警用物品。每次使用警戒具、实施保护性约束措施须经所领导审批签字。门禁卡、值班钥匙由民警直接管理、随身携带。

（2）应按标准配备民警办公执勤用品，加强民警、职工办公物品和生活用品的规范管理，定期检查民警办公室、值班室和备勤室，督促民警妥善保管打火机、药品、工具等个人物品及警用物品。禁止戒毒人员进入办公区打扫卫生，禁止戒毒人员为民警整理内务卫生和文件资料，禁止戒毒管理区内的计算机等电子设备接入互联网。

（3）应在戒毒人员进入宿舍区域设置安检门，为民警配备手持安检仪，戒毒人员劳动、就餐、学习或室外活动返回寝室时，应逐个通过安检门进行检查，严防戒毒人员携带违规物品进入宿舍区。

（4）应加强戒毒人员宿舍区检查，保持宿舍区门窗、金属护栏等安全设施牢固，并严格落实戒毒人员个人物品塑化管理规定。禁止戒毒人员持有棍棒、绳索、火源、劳动工具、利器、钝器、玻璃、陶瓷器皿等物品。禁止在宿舍区组织习艺劳动。

食品、香烟等日用品在储物柜分类存放，有序摆放。洗漱用品统一摆放在洗漱间或洗漱架。盥洗室、浴室、卫生间内无可供绳索系挂的管、钩、钉、架等，冲洗地面的水管、水桶等物品由民警负责管理、监督使用。

戒毒人员宿舍内的床架、铺板应当固定牢固，严禁戒毒人员宿舍内设置晾衣架（绳）和活动蚊帐支架（挂钩）。

戒毒管理区内不得存放消毒、杀虫等剧毒物品。戒毒人员宿舍、生活区的消毒、杀虫工作由民警或职工负责，包括洗洁精、清洁剂等有毒有害物品，由民警集中保管、监督使用。

（5）戒毒人员储藏室应设置铁门暗锁，由民警直接管理，定时对戒毒人员开放。戒毒人员每人一个储物柜（或储物箱包），统一编号，柜（箱包）内衣物、被褥等物品摆放整齐有序，钥匙由民警和学员分别持有，民警应随时检查。

（6）强制隔离戒毒所应严格管理劳动工具和危化物品，包括外协人员使用的工具以及原材料、成品、半成品，均应由民警负责登记、领取、收发、清点，严禁戒毒人员带出劳动现场。

（7）强制隔离戒毒所教室应设铁门暗锁，窗户加装实心、交叉金属防护栏，电器、线绳、扑克、演出服等教学用具和文体用品由民警统一集中管理，教学桌椅应当固定或链化。严禁戒毒人员利用文体用品进行赌博。

图书阅览室、宿舍应选购、存放利于戒毒人员身心健康和教育戒治的读物，统一编号管理。禁止阅读、传抄黄色书刊或非法出版物。

（8）强制隔离戒毒所食堂应无过期霉烂变质食品，无食物中毒事故。食堂刀具、斧头、铁锹、火钩、案板、冲洗地面的水管等应当由民警直接管理，专柜、专库存放，库房应使用铁门暗锁，窗户安装实心、交叉金属防护栏。

食堂油气管道、库房、灭火器等应符合消防安全要求，由专门民警负责管理，定期检修并签字。

食堂操作间与餐厅之间的通道应划设警戒线并使用铁门暗锁等隔离设施，桌椅应予固定或链化，窗户安装实心、交叉金属防护栏，禁止戒毒人员进入食堂操作间。

戒毒人员碗筷应定期消毒，仅限餐厅或就餐时使用，用毕统一存放在消毒柜或餐具柜。

（9）戒毒人员就医期间应由民警全程直接管理，诊疗室、检查室、手术室等房间大门应及时上锁。

严格保管、规范使用麻醉、精神类药品以及输液架、手术刀、医用钳子、镊子等物品，针具使用后由医务人员回收并签字，医疗垃圾按规定处理。

医疗区应设铁门暗锁，桌椅应予固定或链化，严禁戒毒人员私自接触医疗用品，严防针具、药品、医疗器械流入戒毒人员手中。

（10）强制隔离戒毒场所应加强购物超市的管理，确保无过期、变质和"三无"商品，禁止出售易拉罐、玻璃制品、绳索等可能造成人身伤害或影响强制隔离戒毒场所安全的商品。为保证超市门窗牢固，窗户应加装实心、交叉金属防护栏，货架、桌椅应予固定或链化。

戒毒人员每半月购物一次，禁止戒毒人员一次购买大量食品、香烟（超过半个月用量），禁止民警、职工、外协人员为戒毒人员带送食品、香烟等商品。

（11）强制隔离戒毒场所应加强消防水栓、水带、灭火器等消防设施的管理，明确检查和管理责任人，消防水带应予链化固定，消防安全门钥匙由民警管理。

强制隔离戒毒场所应加强用电安全管理，强弱电线应暗装，确保无老化、破损、裸露电线，电源盒、电闸箱等物品的安放高度要符合要求，钥匙由民警管理。

戒毒管理区水、暖、电、检查口、检查井及给排水等设施应安装防护装置，并使用锁具封闭。

（12）强制隔离戒毒场所应加强戒毒管理区周界的清查，彻底清理院内棍棒、绳索、管线、砖头、攀高物等物品。

强制隔离戒毒场所应建立与当地公安机关、周边街道（村组）的联防联动制度，防止外界抛投传递毒品、烟酒、食品等物品，净化周边环境，维护管理秩序。

## 任务考核

案例：某强制隔离戒毒场所，戒毒人员 A、B、C，在戒毒期间运用手机等通信工具实施诈骗，时间长达半年，诈骗金额高达 500 多万元，被骗人员不仅有多名无辜社会人员，还包括 7 名强制隔离戒毒场所民警。

## 问题

1. 该案例反映出该强制隔离戒毒场所哪些安全隐患和问题？

2. 简述违禁物品的防控方法。

_____

_____

_____

_____

_____

3. 简述违规物品的防控方法。

_____

_____

_____

_____

_____

_____

## 工作子任务二　强制隔离戒毒场所重点部位防控

### 学习目的

1. 掌握重点部位防控的概念。
2. 掌握重点部位防控的方法。

### 知识要点

重点部位是指强制隔离戒毒场所重要的警戒设施和需要重点防卫的其他场所。主要包括：监控设施部位，如监控智慧中心、大队监控室、教室、康复训练室、生产劳动车间等安装监控设施设备的部位；卫生间、晾衣间、洗漱间、浴室、楼梯间、储藏室、库房、空置房间等较隐蔽的部位以及监控未能覆盖的部位；戒毒管理区大门、围墙、重要通道等部位；医院、离所就医病房；戒毒管理区内警察值班室；下水道、锅炉房、配电室；施工现场、垃圾场等部位。

重点部位的防控方法：

（1）加大检查监控力度，及时发现和消除隐患。

（2）加强所区大门、围墙的安全警戒，防范外部人员捣乱破坏，防范违禁物品从大门、围墙流入，防范戒毒人员逃脱。

（3）严格执行枪支弹药管理使用制度，实行集中保管制度，防范丢失、被盗和其他事故发生。

🔍 问题

简述重点部位的防控方法。

_____

_____

_____

_____

_____

## 工作子任务三　强制隔离戒毒场所重点时段防控

🔍 学习目的

1. 掌握重点时段防控的概念。

2. 掌握重点时段防控的范围。

3. 掌握重点时段防控的方法。

🔍 知识要点

重点时段是指强制隔离戒毒场所安全管理中警力相对薄弱，易出现隐患和漏洞的时间范围。在所内安全管理工作实践中，重点时段包括戒毒工作民警交接班和值班民警轮班就餐时段；戒毒人员早起床、午休、晚就寝、洗漱、洗澡、就餐时段；法定节假日、休息日；重大活动、重要敏感期；发生自然灾害、极端天气时段；发生突发事件时段；实际工作中还存在其他要防控的重点时段，如戒毒人员集体活动、零星劳动、外出身体检查、所外住院、夜间就医、凌晨、戒毒人员收出工、队务会等时段。

重点时段的防控方法：

1. 起床。对场所大门及整个戒毒人员活动区域进行监控，防止戒毒人员超出活动区域；加强对危险物品存放处及重点人员的监控；检查戒毒人员是否按规定着标志服；留置病患者集中管理，值班民警每 1 小时检查一次；定时巡视检查宿舍。

2. 就餐、就寝、就医。就餐期间，两名民警到岗维持秩序，并对就餐情况进行巡视监控。就寝时进行查寝，特别是对重点人员的检查；就寝期间要定时巡视，以便及时发现异常情况并控制；严格落实值班医师负责制；落实重点加强夜间 21 时~22 时、凌晨等心脑血管疾病易发、多发时间的巡查，对危重病戒毒人员进行 24 小时监管。戒毒人员在所内就医，民警负责带领，并严密监管戒毒人员活动；外诊时，戒毒人员需要至少 2 名以上民警陪同，防止戒毒人员逃跑。

3. 出收工。出工时，戒毒人员按照小组整队、报数、出门；出门时带队民警要对戒毒人员进行查验身，检查是否带有危险物品进入习艺车间的行为，登记核实时间、地点、人数、室友等信息；带队民警前带后监，如需乘车，仍按小组实行"四固定"；行进途中戒毒人员班组长、民管委员各司其职；到达劳动现场后，再次点名核实。收工时，由带队民警清点劳动工具，回收并统一存放至习艺车间专用工具柜内，如有损毁、丢失等情况，应立即处理；按小组整队、报数、离开习艺车间；离开前检查验身并登记；带队民警前带后监；戒毒人员班组长、民管委员各司其职；返回大队后再次检查验身、点名、报数。

4. 交接班。严格对执行情况进行督查检查，不得误岗和出现空岗；制作规范的值班记录，详细记录值班期间发生的重要事项及其处置情况，并落实好"六个保证"，即保证警力、保证坐班、保证大队领导带班、保证 1 小时巡查制、保证处置问题措施有力、保证交接班手续完善；严格执行交接班制度，做到"六交"即交人数、交钥匙、交警械具和应急装备、交安全设置检查情况、交戒毒人员思想表现、交有关工作进展情况；严防值班民警在工作期间进行与工作无关的一切活动；注意交接班期间的异常情况，确保民警自身安全及管教场所安全稳定。

5. 节假日、休息日。强制隔离戒毒场所全面部署节假日安全防控方案；节前进行安全隐患排查和安全大检查，排查重点防控对象，清查各种危险物品；落实领导带班和双人双岗值班制度，确保警力配备充足合理；组织各类文体娱乐活动，充实和丰富戒毒人员节假日生活；加强护卫巡查，确保 24 小时不脱管、不失控；落实领导值班室、总值班室、管教值班室、大队值班室四级联动，严格逐级报告制度，确保突发事件发生时通信畅通、警力充足、反应快速、处置得当、行动迅速。

6. 特殊时期。特殊时期包括国家举办重大庆典、重大赛事或政治敏感时期等。要严密部署安全稳定工作方案，加强安全教育，强化责任意识；进行安全大检查，加强对重点人员、重点部位、重点环节的管理；确保 24 小时不脱管、不失控；做好戒毒人员教育和心理辅导，将危险系数降到最低；加强人防、物防、技防，确保强制隔离戒毒场所安全防控无死角。

7. 自然灾害。要科学制定恶劣天气或自然灾害以及大面积、长时间停水停电等突发状况出现时的应对方案、具体措施和报告制度；异常情况发生时，应加强对围墙、排水沟、库房等重要和特殊场所的巡查；确保警戒设施设备完好，充分发挥物防、技防的作用；加强晚查寝，重点关注烦躁不安失眠人员；加强对疾病"易感人群"的防护，防止传染性疾病的大面积传播。

## 🔑 问题

简述重点时段的防控方法。

_____

_____

_____

_____

_____

_____

## 🔑 单元小结

维护场所安全稳定是强制隔离戒毒场所自身发展的基础，也是强制隔离戒毒场所必须承担的社会责任，更是国家对强制隔离戒毒场所工作的基本要求。本部分阐述了强制隔离戒毒场所安全管理的规范要求，重点介绍了危险物品的概念、种类、防控方法和四个重点防控的概念及方法。要综合运用所学的理论知识和方法，有效解决实际工作中的具体问题，维护好强制隔离戒毒场所的安全稳定。

## 🔍 拓展思考

对于强制隔离戒毒场所安全防控，结合新技术新手段，你是否有更好的防控方法？

_____

_____

_____

_____

_____

_____

# 工作领域二

## 强制隔离戒毒场所安全突发事件应急处置

### 🔍 学习目标

1. 认知目标：了解突发事件的概念、种类以及应急预案体系建设的具体内容，掌握强制隔离戒毒场所常见的突发事件应急响应程序和方法。

2. 技能目标：熟悉应急处突的基本流程，具备应急处突的基本能力。

3. 情感目标：培养学生的同理心和爱心，引导学生树立积极阳光的生活态度，让学生深刻理解个人行为对社会和家庭的影响，培养强烈的社会责任感。

### 🔍 重点内容

本学习单元要掌握的重点内容包括：突发事件的种类、等级以及处置要点等。

### 🔍 案例导入

某强制隔离戒毒场所，戒毒人员向某在戒毒期间性格孤僻、不与他人交流，时常一个人发呆，对于戒毒也是消极对抗。在一次活动期间，向某返回宿舍，吞服下利用劳动偷偷攒下的微型金属颗粒，倒在宿舍内床上，痛苦挣扎。你是该班分管民警，发现此突发事件应该如何处置？

## 工作任务一　强制隔离戒毒场所应急处置

### 工作子任务一　强制隔离戒毒场所应急预案

### 🔍 学习目的

1. 了解应急预案体系的组织机构设置。

2. 掌握信息报告的内容、方式、类别。

3. 明确应急队伍培训、日常演练等方面的要求。

知识要点

为了提高强制隔离戒毒场所预防和处置突发事件的能力，确保突发事件应急工作能快速、高效、稳妥、有序进行，尽可能避免或减少突发事件及其造成的人员伤亡和财产损失，就要加强突发事件和应急处置保障的应急预案体系建设，具体包括组织机构设置、信息报告制度、值班制度等十余项内容。

1. 组织机构设置。

（1）省局突发事件应急指挥部。突发事件应急指挥部负责统一领导突发事件的处置工作，下达命令、指示；决定处置突发事件的重大措施；组织协调处置突发事件的力量和资源；负责与有关部门的协调；负责向省司法厅报告处置突发事件的情况。

（2）省局突发事件应急办公室。突发事件应急办公室负责建立日常舆论事件的预测预警、信息报送、队伍建设等长效机制；建立日常预案演练、隐患排查、考核考评等工作规范；负责信息采集、汇总、分析工作，及时向指挥部报告，提出预警及预案启动的建议；根据应急指挥部的指示，制定、完善应急措施，督促、指导应急工作；赶赴事件现场，协助处置突发事件；跟踪了解事件的进展情况和处置情况，及时向应急指挥部报告；根据实际情况提出结束应急响应的建议。

（3）处置突发事件职能部门及工作职责。突发事件发生后，相关部门要迅速组织人员前往事发单位，进行现场调查；收集、分析、反馈各类信息，对事件性质进行调查研判，及时向突发事件应急办公室提供一手资料，提出处置建议；与事发单位共同做好调查取证和嫌疑人摸排等工作，做好善后处理。

办公室负责处置突发事件中的后勤保障，督促、指导各所做好后勤保障工作；负责组织调配交通工具、设施设备；负责舆论事件的处置组织工作；负责对外信息发布。

研究室负责与省委宣传部、省公安厅网监处、新闻媒体机构的联系，负责起草对外信息发布稿件。

信息管理部门负责提供网络技术、信息化技术支撑，通信设备保障等，确保信息网络畅通、通信畅通；负责舆情监控以及网络异常信息收集等。

政工部门负责全系统范围警力的调配，并对相关工作情况进行督查。

所政管理部门负责监控事态发展；负责对事件现场的安全保卫、现场防护、秩序维护；负责组织警戒力量对现场外围进行警戒；负责组织追逃、擒获、强制带离等任务。

生活卫生部门负责协调各所卫生科和医院对伤病患者进行紧急救护，配合地方卫生部门做好各项处置工作，并对场所戒毒工作民警及戒毒人员做好相关医学知识宣讲工作，做好场所防疫、消杀和伤病员的转治工作等。

教育部门负责宣讲有关法律、政策，对团伙性组织要进行分化瓦解；对戒毒人员进行教育疏导，有针对性地做好参与者的劝导教育工作。

戒毒康复部门负责开展心理攻势和政治攻势，着力分析作案人员的动机以及心理特征，力求从心理上压制或突破作案人员。

生产计划部负责在发生重大生产安全事故、重大火灾以及自然灾害时，参与现场处置和善后沟通；负责与省安全监督管理局及其他安全生产监管部门的协调与沟通。

纪检监察部门负责调查事故原因及事故责任追究处理工作。

财务部门做好经费的计划、预算和其他保障工作。

(4) 其他。明确各类应急响应的人力资源，包括有关组织者和志愿者。

2. 信息报告制度。

(1) 信息报告的内容。信息报告的内容主要包括突发事件种类，发生的时间、地点、已采取的处置措施，目前形势、处置过程中可能发生的其他意外情况，指挥机构及相关人员联系方式等。

(2) 信息报告的方式。报告可采用电话报告、密码传真等方式。紧急情况下，可以先通过电话报告，两个小时内形成书面报告并上报。

(3) 信息报告的类别。突发事件信息报告包括预警报告、即时报告、随时报告。

预警报告指突发事件可能或即将发生的报告。

即时报告指突发事件发生时立即作出的报告。

随时报告指在事发和处置过程中随时作出的报告，事发单位根据事件详情和进展情况随时续报。

(4) 信息报告责任制。强制隔离戒毒场所应建立突发事件信息报告责任制，明确报告责任人及其职责。一般突发事件由强制隔离戒毒场所办公室、业务部门同时向省局办公室和业务部门报告，有关业务部门要及时向分管领导报告。对于较严重的突发事件，强制隔离戒毒场所向局办公室、业务部门报告的同时，所长或分管所领导要向局长或分管局领导直接报告。

3. 值班制度。司法行政戒毒系统实行 24 小时值班制度，建立通信系统维护制度及信息采集制度等，确保应急期间信息畅通。

4. 应急支援与装备保障。各级司法行政戒毒机关要制定相应的保障措施，明确机构、人员及装备、物资、药品、食品、资金等。

5. 资金和物资保障。强制隔离戒毒场所要定期对应急物资进行采购、储备、管理。

6. 医疗保障。强制隔离戒毒场所要加强对医疗药品、器械的储备及医护人员的组织调用。

7. 交通运输保障。强制隔离戒毒场所要加强常备交通运输工具的使用与管理，定期进行维护。

8. 治安保障。强制隔离戒毒场所应制订好应急各阶段秩序的维护方案。

9. 装备和设施保障。明确突发事件现场可供应急响应单位使用的应急设备和装备类型、数量、性能和存放位置，备用措施和相应的制度等。

10. 专业、技术保障。各级司法行政戒毒机关应成立由有关方面组成的咨询小组，为应急决策、处置提供专业意见。依托相应的技术机构，组建相关数据库，为处置工作提供技术支撑。

11. 应急队伍培训。应急队伍培训可分为三个层次进行，即操作人员、中级管理人员和高级管理人员培训。对操作人员的培训应侧重于设施、设备和器材的使用、操作、维护方面，理论与操作并重。

12. 日常演练。强制隔离戒毒所要确保日常演练工作的制度化，每年至少组织 2 次参与度高、应急联动性强、形式多样、节约高效的预案演练，演练方案要确定演练的组织、要求、场地、频次、范围、内容等。

## 🔑 任务考核

案例：2022 年 6 月的某一天凌晨 2：23，四川省突发 6.1 级地震，强制隔离戒毒场所震感强烈，你是当天的值班民警。

## 🔑 问题

面对此突发事件，你应该如何进行信息报告？

_____

_____

_____

_____

_____

_____

## 工作子任务二　强制隔离戒毒场所突发事件应急处置

## 🔑 学习目的

1. 理解突发事件的概念。

2. 掌握突发事件的种类和级别。

3. 掌握应急响应的基本程序和不同事件的处置要点。

4. 具备适应岗位需要的应急处置基本能力。

🔍 **知识要点**

突发事件是指在强制隔离戒毒场所内突然发生的，扰乱或破坏管教秩序的，具有一定规模、危害，后果严重并需要紧急处理的各类灾害、事故及犯罪活动。

**一、突发事件的种类**

1. 管教安全事件。主要包括所内发生的暴力事件、集体骚乱，戒毒人员脱逃、自杀、自残、纵火、爆燃、行凶杀人、暴力袭警、劫持人质、利用机动车辆冲所、集体绝食、集体斗殴、所内投毒等重大安全事件；戒毒分子与社会不法人员内外勾结暴所、冲所事件；社会不法人员暴力袭警、聚众围攻外出执行公务民警，聚众冲击、袭扰强制隔离戒毒场所，破坏强制隔离戒毒场所设施设备和财产等重大事件；发生枪支弹药丢失、被盗和涉枪伤亡事件；毒品、现金、身份证或其他违禁物品流入强制隔离戒毒场所，已经产生或可能发生严重后果的事件；调遣戒毒人员时发生骚乱、脱逃等安全事件或交通事故；针对强制隔离戒毒场所的恐怖袭击事件。

2. 生产安全事故。主要包括重大、特大生产安全事故，重大、特大火灾，以及其他对戒毒民警、戒毒人员和其他人员的生命财产带来严重灾害的事故。

3. 公共卫生事件。主要包括对戒毒民警、戒毒人员健康造成或可能造成严重损害的重大传染疫情，群体性或不明原因疾病、重大食物中毒或职业中毒，其他严重影响身体健康的事件。

4. 自然灾害。包括地震、洪水、台风、泥石流、山体滑坡以及其他因气候或自然环境造成的严重自然灾害。

5. 舆论事件。主要包括已经或即将在新闻媒体、互联网等媒介传播，在一定区域范围内引起舆论和公共关注，已经或可能对戒毒工作和戒毒民警形象等造成不良影响的事件。

6. 其他事件。包括重大交通事故，警察和医务人员职业暴露，其他已经或可能对戒毒工作和警察形象造成严重社会影响的重大敏感事件。

**二、突发事件的分级**

根据突发事件造成的人员伤亡和可能造成的社会影响程度，可以分为三级：特别重大突发事件（Ⅰ级）、重大突发事件（Ⅱ级）、较大突发事件（Ⅲ级）。

1. 特别重大突发事件（Ⅰ级）。指戒毒人员 20 人以上的逃跑事件；5 人以上的自杀事件；造成 2 人以上死亡或 3 人以上重伤的行凶杀人事件；劫持 5 人以上人质事件；30 人以上集体骚乱、绝食、斗殴、暴所事件；围攻强制隔离戒毒场所及破坏财物时间较长、参与人数较多、财产损失较大的事件;调遣戒毒人员过程中 3 人以上逃脱事件;针对强制隔离戒毒场所制造的危害范围较大、涉及人员较多、财产损失较大的恐怖事件;因灾害、生产事故和中毒等引起的 5 人以上死亡事件;事件已经或即将被全国性媒体报道、门户网站首页采录或转载,在网络论坛被持续关注,在全国甚至国际上产生广泛影响的,中央领导作出批示,提出明确要求的舆情事件;其他对强制隔离戒毒场所安全稳定造成特别重大影响的突发事件。

2. 重大突发事件(Ⅱ级)。指戒毒人员 5~19 人逃跑事件;2~4 人自杀事件;造成 1 人死亡或 2 人重伤的行凶杀人事件;劫持 1~4 人的事件;10~29 人集体骚乱、绝食、斗殴、暴所事件;调遣戒毒人员过程中 2 人以下逃脱事件;因灾害、生产事故和中毒等引起的 3~4 人死亡事件;事件已经或即将在省级媒体上报道、被门户网站采录或转载,在网络论坛中跟帖人数较多、传播速度较快,在事发地产生较大影响的省、部级领导作出批示,提出明确要求的舆情事件;其他对强制隔离戒毒场所安全稳定造成重大影响的突发事件。

3. 较大突发事件(Ⅲ级)。指戒毒人员 4 人以下逃跑事件;戒毒人员自杀、行凶杀人事件;9 人以下集体骚乱、绝食、斗殴、暴所事件;因灾害、生产事故和中毒等引起的 1~2 人死亡事件;事件已经或即将被地市级媒体、网站关注,或通过非媒体渠道传播,在当地产生一定影响的舆情事件;其他对强制隔离戒毒场所安全稳定造成较大影响的突发事件。

**三、应急响应的基本程序**

1. 报警。强制隔离戒毒场所发生突发事件,事发现场民警应立即报告所应急指挥中心,指挥中心立即报告当天值班领导。遇到以下情形之一时应迅速报警:①戒毒人员发生打架斗殴或人身安全可能发生危险;②发生突发事件,无法处置可能造成事故的;③发生戒毒人员闹事、逃脱等紧急危险的;④发生打群架或劫持人质的;⑤戒毒人员袭击民警或民警自身安全可能发生危险的;⑥其他需要报警,请求指挥中心紧急支援的。

2. 报告与先期处置。强制隔离戒毒场所值班民警接到报警,能自行处置的,可先行处置;不能自行处置的,按规定向上级报告。同时,进行必要的先期处置和现场控制,并启动相应的应急预案。必须严格落实请示报告制度,只有在危机发生的第一时间做到请示报告,才能保证信息畅通和指挥顺畅,也能为正确及时处理突发事件争取到最宝贵的时间。

3. 启动预案。根据不同突发事件应急预案进行处置。政治事件、涉外事件由省监狱管理局直接指挥处置。

4. 集结警力。指挥中心根据警情的性质、事态规模、紧急程度,第一时间集结充足警力进行现场处置,由值班领导布置任务。

5. 封控现场。在人员高度密集、精神高度紧张的强制隔离戒毒场所，突发事件的发生必然引起恐慌甚至骚乱，警力到达现场后，首先要封锁现场和控制事态发展，避免事态恶化。

6. 应急处置结束。终止应急处置行动，宣布应急结束。

7. 提交处理报告。应急处置结束后，强制隔离戒毒场所应向上级机关提交突发事件处理报告。

8. 新闻发布。需公开对外报道的突发事件，应经上级主管部门审核。按照及时主动、准确把握、正确引导、讲究方式、注重效果、遵守纪律、严格把关的原则，根据有关规定，建立突发事件新闻发布制度，组织、规范新闻媒体采访报道工作。

9. 后期处置。对突发事件进行调查处理。应急处置结束后，强制隔离戒毒场所应积极采取措施，在尽可能短的时间内，努力消除突发事件带来的不良影响，做好善后工作。强制隔离戒毒场所突发事件后期处置工作包括清理现场、伤亡赔偿、原因调查、奖励及责任追究。

🔑 问题

1. 简述突发事件的分级。

_____

_____

_____

_____

_____

_____

2. 简述应急响应的基本程序。

_____

_____

_____

_____

_____

# 工作任务二　安全突发事件应急处置

## 工作子任务一　戒毒人员逃跑事件处置

### 🔑 学习目的

掌握戒毒人员逃跑事件处置办法和程序。

### 🔑 知识要点

1. 及时报警。发现戒毒人员逃跑后，民警要立即向所应急指挥中心报警，应急指挥中心应立即启动预案，报告所领导，通知各单位清点人数，判明逃跑人数，锁定逃跑对象，同时迅速向省局突发事件应急指挥部报告。

2. 勘察搜索。立即勘察案发现场，分析逃跑人员可能逃匿的方向与地点，并前往搜查。

3. 通报情况。强制隔离戒毒场所应立即向场所所在地、戒毒人员常住地或户籍所在地公安机关通报逃跑人员的基本信息、可能去向、伪装用品等情况，以及可能实施违法犯罪预判情况等。

4. 发布信息。省局要立即向全省各强制隔离戒毒场所通报情况，发布协同配合围捕逃跑戒毒人员的指令。

5. 联动追捕。强制隔离戒毒场所要会同所在地公安机关，迅速到达各自设卡点，实施堵截守候，对过往的车辆和人员严格检查，走访周边群众，搜集线索。

6. 锁定目标。与公安机关共同分析案情，确定围追堵截的重点和范围。必要时要协调公安机关技侦、刑侦部门，依法利用科技手段锁定目标具体位置。

7. 实施追逃。组织警力设置包围圈，实施拉网式搜索；发现逃跑戒毒人员后立即追回；对其开展政策、心理攻势，在说服无效的情况下，可视情况组织警力强制其就范。

8. 善后处理。逃跑戒毒人员追回后，立即组织询问，整理相关材料，形成专题报告，还要以此为典型案例对戒毒人员进行警示教育。

🔍 **任务考核**

案例：某日半夜2：00，某强制隔离戒毒场所5名戒毒人员分两路集体逃跑。

🔍 **问题**

1. 结合该案例，谈谈民警如何处置戒毒人员逃跑事件。

_____

_____

_____

_____

_____

_____

2. 试分析戒毒人员逃跑的原因。

_____

_____

_____

_____

_____

_____

# 工作子任务二　戒毒人员暴所事件处置

## 学习目的

掌握戒毒人员暴所事件处置的办法和程序。

## 知识要点

1. 封锁现场。接到报警后，强制隔离戒毒场所应急指挥中心迅速启动预案，封锁暴所现场、大门以及会见室等要害部位，占据有利地形，形成包围阵势，武力控制，严密警戒，同时，加强场所内外巡查，防止事态扩大。

2. 政策攻心。在武力震慑同时，与参与暴所的戒毒人员进行沟通，宣讲法律政策，实施心理攻势，分化参与暴所的戒毒人员，瓦解其意志，孤立首要分子，迫使其放弃反抗。

3. 依法查处。依法进行现场勘察，及时提取违法犯罪证据，依法惩处违法犯罪分子。

4. 教育整顿。总结经验教训，彻查潜在的诱发因素或重新激发矛盾的不稳定因素，消除安全隐患；对全体戒毒人员加强教育，消除影响，稳定秩序。

## 任务考核

案例：某日午餐过后，三名戒毒人员 A、B、C 因为口角引发群殴，导致集体骚乱，戒毒人员情绪激动、叫嚣闹事，与民警发生冲撞，场面一度混乱。

## 问题

1. 结合该案例，谈谈民警如何处置戒毒人员暴所事件。

2. 试分析戒毒人员暴所事件的危害性。

_____

_____

_____

_____

_____

3. 试分析戒毒人员暴所的原因。

_____

_____

_____

_____

_____

## 工作子任务三　戒毒人员袭警事件处置

### 🔑 学习目的

掌握戒毒人员袭警事件处置的办法和程序。

### 🔑 知识要点

1. 立即制止。发生戒毒人员袭警，当事民警应当保持镇静，果敢面对，依法防卫，喝止其放下武器、停止攻击行为；同时，立即通过报警设备、装置以及呼喊等方式向其他民警报警。

2. 及时增援。其他民警接到报警或发现警情后，应第一时间向应急指挥中心报告，请求支援，并立即赶赴。

3. 伺机制服。当事民警和增援民警应当根据现场环境、位置和力量对比等因素，寻找机会制服袭警人员。如不能制止而形成僵持局面，应与其周旋，拖延时间，为强行制服争取机会；在说服无效、情况危急时刻，应急处置队伍实施强行制服。

## 🔑 任务考核

案例：某戒毒人员因家庭变故情绪失控，利用被磨尖的牙刷柄，挟持戒毒民警，企图脱逃强制隔离戒毒场所。此时，戒毒民警的脖子已经被牙刷柄刺破了皮，戒毒人员的情绪难以控制。

任务：学生分组分角色模拟演练，合理处置此戒毒人员袭警事件。

## 🔑 问题

试分析戒毒人员袭警的原因？

_____

_____

_____

_____

_____

# 工作子任务四　戒毒人员劫持人质事件处置

## 🔑 学习目的

掌握戒毒人员劫持人质事件处置的办法和程序。

## 🔑 知识要点

1. 控制现场。要把人质的安全放在首位，迅速疏离现场，防止围观哄闹；增援民警按梯次配置进行包围控制；所应急处突队在事发地周边设置包围圈，占领制高点，对劫持者形成震慑。

2. 请求支援。强制隔离戒毒场所应急指挥中心及时向省局报告，并迅速与公安机关取得联系，对严重危及人质生命安全的事件，要依靠公安武警的专业防暴人员制服劫持人员。

3. 攻心瓦解。增援警力未到时，应与当事戒毒人员周旋，稳定劫持者情绪，了解其真实意图，通过政策宣讲、瓦解谈判、心理疏导等措施，使其情绪平缓，劝说其保证人质安全并释放人质。

4. 果断处置。当戒毒人员出现情绪波动、言行急躁、思维混乱，人质危险性较大时，应当根据现场情况，强行制服，解救人质。

5. 救治伤员。及时救治事件中的受伤人员，最大限度地降低事件的危害。

## 🔑 任务考核

案例：某日下午，强制隔离戒毒场所内的戒毒人员正在进行日常的康复训练。突然，一名戒毒人员情绪失控，冲向一名工作人员，并将其劫持为人质。该戒毒人员手持刀具，情绪激动，威胁民警立即释放他。

任务：学生分组分角色模拟演练，合理处置戒毒人员劫持人质事件。

## 🔑 问题

1. 试分析戒毒人员劫持人质的原因。

_____

_____

_____

_____

_____

_____

2. 简述戒毒人员劫持人质事件的处置程序。

_____

_____

_____

_____

_____

# 工作子任务五　戒毒人员群殴事件处置

## 学习目的

掌握戒毒人员群殴事件处置的办法和程序。

## 知识要点

1. 控制事态。民警应立即进行喊话劝阻，责令肇事者停止打斗；及时将未参与斗殴的人员带离现场，避免事态扩大；迅速了解事发原因。

2. 封控包围。封锁大门和斗殴现场，占据有利位置，将集体斗殴人员包围；内外巡查警戒形成包夹之势，严防戒毒人员趁乱逃跑。

3. 政策攻心。对斗殴人员进行法律政策规劝，疏导攻心，分化瓦解斗殴团伙。

4. 强行突破。在警告无效的情况下，可组成战术队形，强行突击，将斗殴人员驱散、分割包围；迅速制服、抓捕负隅顽抗者，平息事态。

5. 救治伤员。医护人员进入现场，对受伤人员进行现场救护，并将伤势严重者送往医院救治。

## 任务考核

案例：2023 年某日下午，某强制隔离戒毒场所内，戒毒人员正在进行习艺劳动。在劳动过程中，两名戒毒人员发生口角，双方情绪激动，很快升级为肢体冲突。其他戒毒人员在围观中，部分人因情绪传染和旧有矛盾被激发，迅速卷入斗殴，场面一度失控。

任务：学生分组分角色模拟演练，合理处置戒毒人员群殴事件。

🔍 问题

1. 试分析戒毒人员群殴事件发生的原因。

_____

_____

_____

_____

_____

2. 简述戒毒人员群殴事件的处置程序。

_____

_____

_____

_____

_____

# 工作子任务六　戒毒人员恶意传播艾滋病事件处置

🔍 学习目的

掌握戒毒人员恶意传播艾滋病事件处置的办法和程序。

🔍 知识要点

1. 立即制止。民警喝令制止，立即报警，请求支援。

2. 控制事态。及时将现场无关人员疏散到安全地带，与增援警力一起对涉事戒毒人员实施包围控制。

3. 救治伤员。对受伤人员按照职业暴露处置预案实施现场处理和救护，并及时送医救治。

4. 伺机制服。根据现场环境、位置和力量对比等因素，在采取防职业暴露相关措施后，伺机制服感染者。

5. 善后处理。强制隔离戒毒场所应急指挥中心应及时与艾滋病病毒职业暴露安全药品储备库（点）负责人联系，与当地有关专家共同进行风险评估，确定用药的必要性、预防药物种类和用药程序，并将处置情况向省局报告。

🔑 任务考核

案例：某戒毒人员，入所时检查出有艾滋病，因为个人不正当诉求未被满足，用染有自己血液的缝衣针扎刺民警进行报复，但由于衣服较厚，民警 A 胳膊皮肤有清晰划痕，未出血。

🔑 问题

1. 你是当时与民警 A 一同当值的民警 B，面对此突发状况，你如何处置？

_____

_____

_____

_____

_____

2. 试分析戒毒人员恶意传播艾滋病的原因。

_____

_____

_____

_____

_____

# 工作子任务七　戒毒人员自杀事件处置

## 🔍 学习目的

掌握戒毒人员自杀事件处置的办法和程序。

## 🔍 知识要点

1. 劝说制止。发现戒毒人员企图自杀，民警应第一时间作出反应，规劝疏导，使其放弃自杀念头；将其他戒毒人员带离现场，防止借机哄闹滋事。

2. 及时抢救。如戒毒人员已实施自杀，应根据其不同的自杀方式采取相应的抢救措施。

3. 保护现场。如戒毒人员自杀既遂，已显示死亡特征的，医疗部门应立即进行鉴定，对自杀现场采取保护措施，设置隔离带，等候检察机关或相关职能部门进行现场勘察。

4. 善后处置。对自杀未遂的戒毒人员，在积极救治的同时，要查明原因，进行有针对性的心理疏导，并予以相应处理；对自杀死亡的戒毒人员，要按照规定由检察机关对死亡原因作出鉴定，并通知戒毒人员亲属，积极争取他们的配合，必要时争取地方党政部门的支持，妥善处理善后事宜，避免引发其他事端。

## 🔍 任务考核

2024 年某日凌晨，某强制隔离戒毒场所内一名戒毒人员张某某，在室友熟睡之际，悄悄离开了宿舍，来到卫生间，用私藏的物品结束自己的生命。在此之前，张某某因长期吸毒导致身体健康严重受损，加上戒毒过程中出现的戒断反应和心理压力，他的情绪波动较大，时常表现出抑郁和焦虑。强制隔离戒毒场所的工作人员虽然注意到了张某某的情绪变化，并多次进行心理辅导，但未能完全缓解他的心理负担。

🔍 问题

    1. 结合该案例，谈谈民警如何合理处置戒毒人员自杀事件。

_____

_____

_____

_____

    2. 试分析戒毒人员自杀的原因。

_____

_____

_____

_____

    3. 如何预防戒毒人员的自杀事件？

_____

_____

_____

_____

# 工作子任务八　戒毒人员所内死亡事件处置

## 🔍 学习目的

掌握戒毒人员所内死亡事件处置的办法和程序。

## 🔍 知识要点

1. 及时报告。发生戒毒人员所内死亡，强制隔离戒毒场所要按照有关规定及时报告省局和驻地检察机关，通知戒毒人员家属，做好相关记录。

2. 查明死因。在医院病死的要由医院出具死亡证明，其他情况死亡的，要由检察机关查明、确认死因。

3. 固定证据。强制隔离戒毒场所要及时收集、固定与死因相关的记录、录音、视频等证据资料。

4. 善后处理。强制隔离戒毒场所要组成善后处理工作组，联络、接待家属，向家属通报死因，与家属协商处理后事，妥善处理善后事宜；严防家属无理取闹，借机滋事，冲击场所或聚集上访；严防家属歪曲事实，散布谣言，在社会和媒体上造成不良影响。

## 🔍 任务考核

某日，李某某在户外进行轻度运动训练时，突然感到胸口剧痛，随后晕倒在地。现场工作人员立即对其进行急救，并迅速呼叫救护车。尽管急救人员到场后进行了全力抢救，但李某某仍因心脏疾病突发，经抢救无效死亡。

## 🔍 问题

1. 结合该案例，谈谈民警如何处置戒毒人员的死亡事件。

_____

_____

_____

_____

_____

_____

2. 如何预防戒毒人员所内死亡事件的发生？

_____

_____

_____

_____

_____

# 工作子任务九 戒毒人员集体绝食事件处置

## 🔍 学习目的

掌握戒毒人员集体绝食事件处置的办法和程序。

## 🔍 知识要点

1. 控制事态。强制隔离戒毒场所及时组织警力将集体绝食的戒毒人员与其他人员隔离，封锁信息，防止不利影响的发生和事态的扩大。

2. 政策攻心。利用有力的宣传工具和手段开展政治攻势，进行教育、分化、瓦解。

3. 强制隔离。反复宣传教育不能奏效时，应采取强制措施，分割包围，逐一带离现场。

4. 教育整顿。查明原因，总结教训，追查责任，工作整改；依法、及时处罚打击煽动闹事者，思想疏导与严厉打击双管齐下，从根本上解决问题。

## 🔍 任务考核

2024 年某月，某强制隔离戒毒场所内部分戒毒人员因对所内饮食条件、康复训练强度以及管理制度的不满，私下商议后决定采取集体绝食的方式表达抗议。事件在第三天达到了高潮，超过二十名戒毒人员参与了集体绝食，他们要求与所领导进行对话，提出改善饮食、调整康复训练计划以及优化管理措施等诉求。

🔍 **问题**

1. 结合该案例，谈谈民警如何处置戒毒人员集体绝食事件。

_____

_____

_____

_____

_____

2. 试分析戒毒人员集体绝食的原因。

_____

_____

_____

_____

_____

## 工作子任务十　不法分子冲击强制隔离戒毒场所事件处置

🔍 **学习目的**

掌握不法分子冲击强制隔离戒毒场所事件处置的办法和程序。

🔍 **知识要点**

1. 集结警力。接到报警后，强制隔离戒毒场所应迅速集合应急处突队，并通报当地政府、公安机关。

2. 设置屏障。强制隔离戒毒场所组织警力抢占有利地形，在大门、办公楼等场所设置防守屏障，加强警戒，对不法分子实施包围；做好现场录音、录像、拍照等取证工作；加强场所内戒毒人员的管理，防止不法分子与所内戒毒人员里应外合导致事态恶化。

3. 政策教育。强制隔离戒毒场所领导要现场指挥，与不法分子现场对话，准确掌握事件的性质，摸清不法分子的动机和目的，配合政府工作人员、民警加强政治攻势。

### 任务考核

案例：某戒毒人员 A，因入强制隔离戒毒场所之前，与社会黑恶势力团伙交往甚密，戒毒期间，二十多名社会不法分子到强制隔离戒毒场所前聚集，利用铁锹、锄头等工具破坏强制隔离戒毒场所大门，辱骂、侮辱民警，甚至企图冲击门岗。

### 问题

1. 你是门岗执勤民警，如何处置这一突发事件？

_____

_____

_____

_____

_____

2. 如何预防不法分子冲击事件的发生？

_____

_____

_____

_____

_____

# 工作子任务十一　不法分子劫所事件处置

## 学习目的

掌握不法分子劫所事件处置的办法和程序。

## 知识要点

1. 集结警力。强制隔离戒毒场所应急指挥中心接到报警后应立即组织应急处突队，增援事发地；立即向省局指挥中心报告，并向地方公安机关联防单位通报，请求支援。

2. 控制现场。迅速疏散撤离事发现场的其他人员，严防事态扩大。

3. 联防联动。如不法分子持有凶器或者利用大型器械实施劫所，强制隔离戒毒场所要联合地方公安机关和其他社会力量协同作战，联防联动，有效处置。

## 任务考核

5 月 19 日上午，某强制隔离戒毒场所与属地公安机关联合开展"暴恐分子冲击场所突发事件应急预案演练"。

上午 10 时演练开始，两名不法分子手持刀具在所区大门一号门岗叫嚣滋事，欲强行进入所区。一号门岗值班员紧闭大门阻止其进入的同时，立即报告所指挥中心请求支援。

所指挥中心值班员立即将事件报告给指挥长，请求指挥长指示。

指挥长根据现场情势，启动全所"不法分子冲击场所应急预案"，要求各应急处置小组立即按预案要求到达所区大门进行现场处置。启动所地联动应急机制，通知属地公安机关第一时间到所进行联合处置。

指挥长以及应急处突组、安全警戒组、宣讲谈判组、医疗救护组等应急处置小组携带装备迅速到达事发现场。一号门岗紧闭大门，应急处突组呈防御态势。宣讲谈判组向"不法分子"宣讲政策，要求对方放下武器，依法依规解决问题。

劝解无果。应急处突组立即对两名"不法分子"实施抓捕与控制，并将其交由到所联合处置的公安机关民警做下一步调查处理。

10 时 7 分解除应急响应，应急演练结束。此次演练用时仅 7 分钟。

🔍 **问题**

结合该新闻，谈谈民警如何处置不法分子劫所事件。

_____

_____

_____

_____

_____

# 工作子任务十二　公共卫生事件处置

🔍 **学习目的**

掌握公共卫生事件处置的办法和程序。

🔍 **知识要点**

1. 疫情上报。按照上级有关规定向属地公共卫生事件主管部门和省局上报，不能瞒报、漏报和缓报。

2. 现场处置。开辟清洁区，进行消毒；配合属地卫生行政部门开展现场流行病调查；密切跟踪接触者，并隔离观察。

3. 等级评估。配合属地突发公共事件应急处理中心，根据突发事件的性质、危害程度、涉及范围，确定突发事件等级。

4. 隔离救治。根据等级作出响应，隔离疑似病人，救治确诊病人；加强健康监测和教育，避免产生恐慌情绪；控制外来人员，防止疫情扩散。

🔍 **任务考核**

案例：某强制隔离戒毒场所，戒毒人员用餐后，集体出现腹泻、发烧等中毒症状，重症昏迷戒毒人员 3 人，轻症人员较多，情况紧急。

**问题**

1. 你是值班民警，该如何正确处置？

_____

_____

_____

_____

_____

2. 如何预防所内公共卫生事件的发生？

_____

_____

_____

_____

_____

_____

# 工作子任务十三　生产安全事件处置

**学习目的**

掌握生产安全事件处置的办法和程序。

**知识要点**

1. 现场控制。强制隔离戒毒场所领导和安全生产监督部门迅速到达事发现场，查明事故原因，并根据事故可能造成的危害范围划定安全警戒线，控制人员进出。

2. 组织抢险。根据事故类型，迅速组织警力抢险，对发生火灾、爆炸等重大事故现场，要立即切断电源、管气等，转移易燃易爆物品，对无法控制或不能预料的事故现场，要迅速组织撤离。

3. 抢救伤员。将事故受伤人员及时就近送医抢救。

4. 调查处理。开展事故调查，查明原因，分析责任，排查隐患，对责任人员作出相关处理。

## 🔑 任务考核

某强制隔离戒毒场所内，学员正在进行习艺劳动，突然习艺现场发生火灾，火势迅速蔓延，浓烟滚滚，情况较为危急。所内值班人员及时发现火情，立即启动应急预案，拉响警报，组织人员进行疏散。

## 🔑 问题

1. 结合该案例，谈谈民警如何处置所内的火灾事件。

_____

_____

_____

_____

_____

2. 如何预防所内生产安全事件的发生？

_____

_____

_____

_____

_____

# 工作子任务十四　自然灾害事件处置

## 🔎 学习目的

掌握自然灾害事件处置的办法和程序。

## 🔎 知识要点

1. 评估报告。灾害发生后，要立即研判可能产生的后果和潜在风险，制定应急方案，上报最新情况，根据需要向有关部门报警。

2. 转移人员。迅速将人员转移到安全地带；转移过程中加强警戒，防止戒毒人员趁乱逃跑或闹事。

3. 抢险救援。迅速组织警力到指定地点抢险救灾，解救受困人员，采取措施对险情部位进行防范；抢险中要服从上级部门的统一安排和部署，加强对抢险救灾人员的防护，防止意外发生。

4. 监测通报。加强对灾情发展情况的监测和预警，汇总分析信息，及时向有关人员和部门报告、通报。

5. 清理恢复。灾害解除后，及时对现场进行全面检查、监测，确认安全后，进行现场清理和恢复。

## 🔎 问题

简述自然灾害事件的处置流程。

# 工作子任务十五　舆情事件处置

## 🔑 学习目的

掌握舆情事件处置的办法和程序。

## 🔑 知识要点

1. 及时报告。发生舆情事件，应及时报告强制隔离戒毒场所应急指挥中心，事件核实后应立即将已经造成或可能造成的损害、社会影响及发展动态向上级部门报告。

2. 控制事态。根据事件发展程度启动响应程序，上报情况的同时要及时联系新闻、媒体、互联网主管部门进行舆情控制；组织开展澄清说明和正面引导，必要时请示主管部门停止相关采访、报道或者发布舆论信息等。

3. 调查评估。事件结束后，应及时进行案例分析，对事件的事件、性质、责任、经验教训等问题进行调查评估，并报上级部门。

4. 发布信息。舆情事件的信息发布应遵照相关法律法规和新闻宣传纪律有关规定，避免因宣传不当造成事态扩大。

## 🔑 学习目的

某强制隔离戒毒场所内戒毒人员张某在夜间突然死亡。由于张某生前身体健康状况良好，其家属对张某的死因存在较大疑问，遂不断到强制隔离戒毒场所闹事，并将此事发布到网上，引起了网络的广泛讨论。

## 🔑 问题

结合该案例，谈谈民警如何处置舆情事件。

_____

_____

_____

_____

_____

_____

## 🔑 单元小结

　　本学习单元重点阐述了突发事件的种类、等级、处置要点等内容，突发事件应急处理讲究"快、准、稳"，"快"指的是在突发事件处置的时效性上要反应快、处置要及时；"准"指的是处置问题的手段和方法要准确妥当；"稳"指的是在处置的效果上要尽量减少社会负面影响，减少人员伤亡，最大限度地确保场所和社会稳定。除了掌握在本学习单元学习的知识和方法外，还要注重实践经验的积累，只有在心理和能力方面充分锻炼，才能在遇到问题的时候能够准确应对。

## 🔑 拓展思考

　　1. 你认为怎样才能提高应急处突的能力？

_____

_____

_____

_____

_____

_____

　　2. 结合现在社会科技发展，你认为还有哪些新技术手段可以运用到应急处突中？

_____

_____

_____

_____

_____

_____